도전하는 30대,
공부하라

30-SAI KARANO 10-BAI SAGATSUKU BENKYÔ-HÔ
Copyright © 2008 by Hideki WADA
First published in 2008 in Japan by PHP Institute, Inc.
Korean translation rights arranged with PHP Institute, Inc.
through Japan Foreign-Rights Centre/ Shinwon Agency Co.

●|내 인생을 변화시키는 30대 공부전략|●

도전하는 30대, 공부하라

—와다 히데키 지음— 박현미 옮김—

파라북스

도전하는 30대 공부하라

2010년 1월 20일 초판 1쇄 인쇄
2010년 1월 25일 초판 1쇄 발행

지은이 | 와다 히데키
옮긴이 | 박현미
펴낸이 | 김태화
펴낸곳 | 파라북스

주 간 | 이성옥
기 획 | 조은주, 홍효은
마케팅 | 박경만
책임편집 | 전지영
본문디자인 | 엔드디자인
관 리 | 이연숙

등록번호 | 제313-2004-000003호
등록일자 | 2004년 1월 7일
전화 | 02) 322-5353
팩스 | 02) 334-0748
주소 | 서울특별시 마포구 서교동 343-12
홈페이지 | www.parabooks.com

ISBN 978-89-93212-24-2(13320)

*값은 표지 뒷면에 있습니다

세월이 지나면서 많은 것이 바뀌었다. 하지만 '30대'라는 연령만큼 예전과 이미지가 달라진 것은 흔치 않을 것이다.

옛날에는 나이 30이면 업무에서는 베테랑이 되고 부하직원도 거느려 간부직으로 진입하는 입구에 서는 시기였다. 적어도 애송이 취급은 면할 수 있었다. 그러나 지금은 30이라 해도 애 취급을 받는다. 외모만 보더라도 학생처럼 보이기도 한다. 적어도 서른 살에 아줌마나 아저씨라고 불리는 일은 없어졌다.

예전이라면 나이 30에 결혼하지 않았다면, 책임감이 없다거나 좋은 시절 다 갔다는 심한 말도 들었을 것이다. 그러나 지금은 직업을 가지고 있다면 독신이 오히려 주류를 이룬다.

한편으로는 배움의 시기가 길어졌다는 것이 이런 현상의 커다란 이유가 될 것이다. 과반수가 대학 졸업자인 요즘, 나이 30이라면 사회에 나온 지 10년도 안 되는 시기이다. 게다가 이공계라면 대학원 진학자가 대학 졸업자보다 많을 것이고, 문과 계열이라면 로스쿨에 진학하는 20대 후반 학생들도 적지 않다. 의사들의 세계에서도 임상 연수가 필수화되어 20대 후반까지 수업기간이 되어버린다.

내가 속해 있는 문화계 모임에서는 47세인 내가 젊은이 취급을 받는다. 30세라면 애송이로 여긴다. 예전이라면 오에 겐자부로나 이시하라 신타로처럼 20대에 데뷔해도 실력가로 인정받았을 것이다. 사회가 고령화되고 출산율이 낮아지면서 젊은이의 수가 줄어든 것 역시 30대가 젊은이 취급을 받는 까닭일 것이다.

그러나 그렇다고 해서 30세를 넘기고도 언제까지나 젊은 패기나 학생 기분으로 사는 것이 용납되는 것은 아니다. '아직 미숙하니까' 혹은 '아직 어리니까' 하면서 관대하게 봐주는 경우가 늘었다 해도, 30세를 넘기면 사회는 그다지 너그럽지 않다. 이제는 제대로 한 사람 몫을 해내기를 요구한다. 가능성이 보이지 않으면 가차 없다. 구조조정의 대상이 되기도 한다.

또 반대로 30대 초반인데도 회사의 지점장이나 부장으로 승진해 크게 활약하는 경우도 드물지 않다. 학생 기분으로 언제까지나 게으름을 피우고 있는 사람에게는 살벌한 현실이 기다리고 있고, 옛날의 30세 이상으로 능력을 발휘하고자 노력하는 사람에게는 빛나는 미래가 기다리고 있다. 이것이 현실이다.

또 하나 분명한 현실은, 대부분 회사의 정년은 예나 지금이나 60세라는 사실이다. 젊게 산다고 해도 최종 목표점은 변함이 없다. 남보다 빠르게 움직이지 않으면 일에서 성공을 거두리라고 보장할 수가 없다. 게다가 정년 후에도 20년 이상은 사는 것이 당연한 지금, 30대를 어떻게 보내느냐는 매우 중요하다. 확실하게 공부해 성과를 내지 않으면 이루어놓은 것도 취직할 곳도 없는 노년을 보내야 할 것이다. 정년이 없는 일이라고는 해도 현역에서 활약할 수 있는 시기를 생각해본다면 30대는 마지막 찬스가 된다.

본서는 3년 전 PHP 편집자 그룹에서 출간한 책의 개정판이다. 얼핏 보면, 경기가 회복되기 시작했고 취업 환경이 좋아진 것처럼 보일지 모른다. 그러나 신규 졸업자가 아닌 한 상황은 여전히 매섭다. 오히려 이 책을 처음 냈을 당시보다 30대의 공부가 더 절실하다고 할 것이다. 이런 면에서 이 책이 새 옷을 입고 다시 나오게 된 것을 매우 기쁘게 생각한다.

와다 히데키

성과주의, 실력주의라는 말로 대표되는 세상으로 바뀐 지가 벌써 10년 이상 지났지만 현실적으로 크게 변한 것은 많지 않다.

30대인 믹시의 카사하라 겐지 사장처럼 IT 벤처기업의 사장이 엄청난 부를 축적하면서 기존의 권위에 도전하고, 닌텐도의 이와타 사토루 사장이나 로손의 니이나미 타케시 사장처럼 40대에 대기업 사장으로 발탁되어 대성공을 거두는 사람도 등장하였다.

일반적으로 정년 무렵에나 앉게 되는 은행 지점장 자리에 30대가 발탁되는 일도 더 이상 놀랄 일이 아니다. 상장기업에서 40대 대표이사는 당연시되기에 이르렀다.

이런 와중에 기업들은 이전과는 달리 일찍부터 엘리트 후보와 나머지 사람들을 선별하는 작업을 하고 있다. 또 벤처기업을 창업하는 사람들의 연령은 더욱 낮아져 젊을수록 좋다고 생각하는 사람이 늘고 있다.

하지만 나는 이런 생각에 의문을 가지고 있다. 20대에 회사를 세워 성공하는 소위 천재라고 불리는 사람들은 분명 있다. 하지만 이런 극소수를 제외한 대부분의 사람들은 아이디어를 계속해서 짜내는 일을 하거나 사회의 구조를 알고 싶거나 인맥을 만들고 싶다면 10년 정도는 회사에 몸담고 있는 것이 유익하다.

요즘 한창 주가를 올리고 있는 라쿠텐의 미키타니 사장처럼 벤처기업을 통해 성공한 수많은 사람들도 그만큼의 기간 동안 대기업이나 관공서, 아니면 외국의 비즈니스 스쿨에서 능력을 키웠다. 내 주위에 성공을 한 기업가들 중에서도 그런 사람들이 많다.

요컨대, 누가 뭐라고 하던 결국엔 경험이 많은 것을 말해준다는 것이다. 그래서 일에 대해서나 회사에 대해 웬만큼 익숙해져 있는 30대에게 가능성 있다고 하겠다. 무엇이 유리하고 무엇을 해야 될지를 알고 있는 30대가 앞으로 공부하고, 기업을 키우고, 자격증을 딸 때 좋은 결과를 낳게 될 가능성은 크다.

경험이 중요하다면 40대가 더 낫지 않느냐고 생각할지도 모른다. 그러나 계속 늘어나는 수명에도 불구하고 좀처럼 정년이 연장되지 않는 이 사회에서는 40대부터 공부를 시작하는 것은 아무래도 늦은 감이 있다. 열심히 공부해도 꽃을 피우는 시기는 50대가 되기 십상이고, 그러면 기회가 상당히 제한되고 만다. 실제로 캐리어 체인지하는 데에는 적지 않은 시간이 소비된다.

그 외에도 문제가 되는 것은 또 있다. 뇌와 감정이 노화한다는 점이다. 뇌가 노화하면 기억력이 저하된다. 그러면 공부하기가 어려워진다. 감정의 노화는 더욱 걱정되는 부분이다. 지금까지 의욕적으로 일해오지 않은 사람의 경우, 40대가 되면 의욕이나 자발성의 노화가 현저하게 나타난다. 지금까지 의욕적으로 일해온 사람이라고 해도 새로운 분야를 공부하는 것은 40대에게는 어려운 일이다. '이도 저도 다 귀찮다'는 생각이 절로 든다.

공부하고 싶다면 30대에 시작하라. 적절한 경험과 아직 넘치는 의욕, 그리고 노화가 덜 진행된 뇌가 공부하려는 30대에게는 커다란 자산이 될 것이다.

20대에 시작하지 않으면 안 된다는 생각은 전혀 할 필요가 없다. 사회 경험이 있는 사람이 일을 도모하면 이제 막 사회에 발을 내디딘 20대와는 비교할 수 없다. 사회가 원하는 바를 제대로 받아들이기가 쉽고, 이후에 성공을 할 가능성도 높다. 젊은이가 활약하는 시대라고 하지만, 뮤지션이나 연예인들을 보면 알 수 있듯이 지금은

40대도 젊다. 따라서 30대에 출발하는 것은 전혀 늦지 않다.

하지만 현실적인 문제가 있긴 하다. 직장에서나 가정에서나 바쁜 30대들이 '어떻게 시간을 만들고 어떻게 도전을 해야 하는가?'라는 방법론일 것이다.

그래서 나는 이 책을 통해 오랜 기간 동안 수험공부법이나 능력 개발 연구로 만들어진 노하우를 30대를 위해 특화시킨 형태로 소개하려고 한다. 이 책에서 밝힌 노하우가 아무쪼록 도전하는 모든 30대에게 도움이 되기를 바란다. 더불어 당신이 양극화가 진행되는 사회에서 '승자'에 더 가까이 다가가게 되길 진심으로 바란다.

와다 히데키

 contents

3장 능력을 높이는 와다식 사고법

9장 30대, 자신을 소중히 여겨라

Study Methods for Over 30s

01

30대,
무엇을 배우고
어떻게 공부할 것인가?

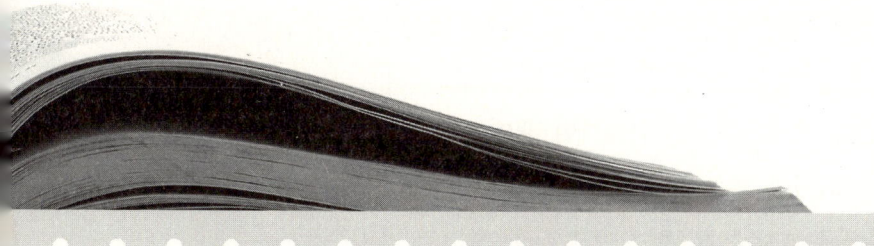

01

어떻게
살아남을
것인가?

지금 사회에서는 승자와 패자의 양극화가 진행되고 있다. 30대에 들어섰을 무렵에 이미 승자와 패자는 차이가 나기 시작하고, 연령이 높아짐에 따라 그 차이는 계속해서 벌어진다.

20~30대에 억대 연봉을 받는 사람이 있는가 하면, 30세를 넘어서도 프리타족, 니트족 등으로 불리며 안정된 직장조차 갖지 못한 사람도 있다. 아르바이트로 연명하면서 꿈을 쫓고 있는 거라고 말하겠지만, 30세를 넘었다면 세상 사람들의 눈에는 패자로밖에 보이지 않는 것이 현실이다.

이유는 자명하다. 30대인 사람 중에는 이미 꿈을 실현한 사람도 있고 사회에서 일정 수준 이상의 실적을 거둔 사람도 있다. 게다가 그 나이에 아직 꿈을 쫓고 있는 사람의 수는 많지 않다.

자신의 일에서 충분한 실적을 올리고 있는 사람들 중에는 "40세를 넘겼으니 이제 슬슬 퇴직하고 싶다"고 말하는 사람까지 있다. 그런 사람들이 볼 때, 30세가 넘었는데도 아무런 실적도 없이 여전히 "꿈을 쫓고 있다"고 말하는 사람은 패자로밖에 여겨지지 않을 것이다.

하지만 30대라면 아직 늦지 않았다. '명사'라는 말을 들을 정도로 완전한 승자가 되는 것은 간단한 문제가 아닐지라도 보통의 승자는 될 수 있다. 열심히 공부한다면 최소한 중간 정도 승자는 충분히 가능하다. 뒤에 설명하겠지만, 승자와 패자의 차이가 벌어지는 현상 뒤에는 시대적 배경이 있기 때문이다.

이것은 뒤집어 말하면, 30세부터 제대로 마음을 다독이지 않으면 이후에 불행한 인생이 기다리고 있을 가능성이 높다고 할 수 있다. 아르바이트만 하는 사람은 평생 아르바이트만 하다 끝나버리고 말 가능성이 상당히 높은 것이다.

회사원의 경우, 30대에 어떻게 해서든 실적을 올려야 한다. 한두 가지 정도 성공을 거두지 않으면 40세 이후에는 직장생활이 상당이 괴로워진다. 상사나 부하들에게 대접받지 못하는 자신의 모습을 상상해보라. 게다가 명예퇴직 명단에 오를 수도 있다.

어찌됐든 멍하니 있을 여유가 없다. 최선을 다해 자신을 연마해두지 않으면 안 된다. 벌써 30대가 되었다면 지금까지 한 이상으로 책을 읽고, 공부를 하고, 도전을 해야 한다.

지금 30대의 중심을 이루는 사람들은 제2차 베이비붐 세대일 것이다. 학교에 다닐 때에는 한 학년의 학생 수가 많았고 그 이후로도 항상 치열한 경쟁을 겪으면서 살아왔다. 게다가 이들이 취직할 시기를 맞은 1990년대 중반부터 후반은 일본 기업들이 버블 붕괴 이후의 괴로움을 맛보던 때였다. 기업들이 채용을 억제하여 고용시장은 '초빙하기'라고도 불렸다. 30대는 그런 살벌한 생존 경쟁 속에서 살아온 사람들이다.

제2차 베이비붐 세대와 마찬가지로 제1차 베이비붐 세대도 치열한 경쟁을 겪어야 했다. 하지만 제1차 베이비붐 세대는 고도 성장기를 살았기 때문에 여러 의미에서 많은 가능성이 있었다. 당시 상황은 '희망이 있는 격렬한 경쟁'이라고 말해도 좋을 것이다. 이들역시 사회로 나온 이래 끊임없이 경쟁에 노출되기는 했지만, 경제가 확대되던 시기였기에 취직자리는 증가했고 많은 사람들이 일정 정도 이상의 직장을 가지는 게 가능했다.

그러나 제2차 베이비붐 세대들의 상황은 다르다. 이들이 사회로 나왔을 때에는 이미 위쪽의 정체가 심각했다. 이런 험난한 환경속에서 계속 싸워온 것이 지금의 30대다.

어린 시절부터 경쟁은 심했고, 취직은 힘들고, 회사 내에서의 자리경쟁도 치열한 상황에서 손해를 보는 역할만 해온 30대지만, 이를 뒤집어 말하면 경쟁과 더불어 살아온 탓에 경쟁에 단련되어 있다고도 할 수 있다. 상당히 끈질긴 생명력을 갖춘 세대인 것이다.

출산율이 낮아져 입시경쟁도 줄어들고 경기가 회복되어 취직도 비교적 편한 세대인 지금의 20대와 비교하면, 경쟁으로 단련된 30대는 설령 패자라고 불리는 사람일지라도 잠재력은 더 클 것이라는 게다.

 승자가 되는 사람

그렇다면 왜 30대에서 이미 승자와 패자로 나누어지는 걸까? 그것은 공부 노하우를 가지고 있는지 아닌지에 따라 좌우된다고 생각한다. 고등학생이나 재수생 시절에는 공부 노하우를 가진 사람이 대학입시에 성공해 일류대학에 합격한다. 영어공부에 노하우를 가지고 있어서 영어를 잘하는 사람은 해외 유학을 간다. 그런 학력이 나중에까지 영향을 미치기 때문이다.

"우리 회사는 학력을 보지 않습니다"라고 공언하는 회사도 있지만 그것은 겉치레일 뿐이다. 일류기업에는 일류대학 졸업자가 입사하는 경우가 많다. 이류대학이라고 불리는 대학에 들어간 사람이라도 열심히 공부해서 톱클래스의 성적을 거둔다면 도쿄대학을 놀면서 다닌 사람보다 훨씬 학력이 높을 것이다. 그렇다고 해도 회사들은 도쿄대학 졸업자를 채용하려고 한다. 요컨대, 고등학생 시절의 공부 노하우가 미래의 인생까지 좌우한다는 것이다.

회사에 들어가서도 마찬가지다. 요령 있게 공부해서 성과물을 얻은 사람이 상사로부터 높은 평가를 받고 승진한다. 여기서도 공부 노하우를 가진 사람이 두각을 나타내고 승자그룹에 들어가게 된다.

승자가 되고자 한다면 우선 공부 노하우를 몸에 익혀야 한다. 자기 능력에 자신이 없어도 노하우가 있다면 그걸로 보충이 된다. 30대까지 벌어진 차이는 메울 수 있다. 30대라면 아직 늦지 않았다는 말이다. 따라서 자신의 공부 노하우를 다시 한 번 살펴봐야 할 것이다.

 ## 공부하는 사람에게 돌아오는 이득

공업화 사회에서 지식사회로 변모하면서 지금은 이전보다 한층 더 지적 생산력의 중요성이 부각되고 있다. 학력(學歷)보다도 학력(學力)이 요구되는 시대가 온 것이다. 그러나 현실에서는 학력(學歷)이 높은 사람이 승자가 될 확률이 높다. 그것은 학력과 진짜 실력이 반비례하지 않고 어느 정도의 상관관계를 가지기 때문일 것이다. 퇴직을 당하더라도 고학력자는 금방 재취직이 가능하다.

벤처기업의 경영자를 보더라도, 믹시의 카사하라 겐지 사장은 도쿄대학을, 라쿠텐의 미키타니 히로시는 히토쓰바시대학을 졸업했다. 소프트뱅크의 손정의는 규슈의 명문 고등학교인 구루메대학 부설고교를 졸업한 뒤 미국 캘리포니아대학 버클레이에서 유학했다. 마찬가지로 벤처기업을 경영하는 그의 동생 손태장 역시 도쿄대학 출신이다. 또 마이크로소프트의 빌 게이츠는 가장 어렵다는 하버드 대학의 입학시험에서 수학을 만점 받고 입학했다.

왜 고학력자들이 그토록 강한 것일까? 여기에는 인맥도 크게 작용했을 것이다. 고학력인 사람은 그가 가진 진짜 실력과 상관없이 좋은 학교에 들어갔다는 사실 하나만으로도 상당히 좋은 인맥을 갖게 된다. 주변 사람들이 변호사가 되거나 의사가 되거나, 고위관료가 되거나 일류기업에 취직하게 되므로 풍성한 인맥을 갖게 되었을 것이다.

18~19세일 때 공부 노하우를 터득했다면 좋은 학력이나 인맥, 나아가 좋은 직장까지도 손에 쥘 수 있다. 경우에 따라서는 주식시장에 상장하는 기업을 일구어 돈을 손에 쥐기도 한다. 유감스럽게도 그것이 바로 실력이다.

그렇다면 인생을 좌우할 정도의 '공부 노하우'란 대체 무엇일까? 지금부터 소개하고자 하는 내용이 바로 그것이다.

02

인생역전을
만드는
노하우

30대인 사람들은 1987년에 내가 쓴 책 《입시는 요령》을 읽었던 최초의 세대일 것이다. 당시 와다식 공부법은 엉터리 공부법, 혹은 진짜 실력은 붙지 않는 공부법이라는 비판을 많이 받았다. 일면 타당한 측면이 있다는 것은 부정할 수 없다. 그러나 '효율적인 공부를 한다'는 의미에서, 또 '전략을 세워 능동적인 입시공부를 한다'는 의미에서는 선구적인 사고방식이었다고 자부한다.

그때까지는 대학입시 공부라고는 해도 학교에서 시키는 대로 하는 것이 주류였다. 성실하게 학교공부를 해서 성적이 좋은 아이는 도쿄대학에 가고, 그보다 성적이 조금 낮은 아이는 와세다나 게이오대학에 들어간다. 그리고 편차치가 50 정도(전국 평균 정도의 성적—옮긴이)인 아이들은 이류대학이라고 불리는 대학에 진학한다.

이런 패턴은 오랫동안 계속되어 왔다. 학교에서 공부를 잘하는 아이가 담임선생님의 권유로 도쿄대학에 진학하는 일이 전혀 이상하지 않았다. 지금도 지방 학교에서는 그런 경향을 보이고 있다. 요컨대 자신이 능동적으로 입시를 치르는 것이 아니라 학교 선생님이 말하는 대로 공부하고 선생님의 추천대로 진학했던 것이다.

그러나 '와다식 공부법'은 그런 방식을 완전히 바꾸어버렸다. 모든 과목을 전부 꼼꼼하게 공부하는 것이 아니라, 각 대학의 입학시험에 맞춰 공부하도록 바꾸어놓은 것이다. 예를 들어, 와세다를 목표로 하는 문과계통의 아이라면 수학은 버리고 공부해야 하는 과목을 영어, 국어, 세계사로 좁힌다. 또 세계사도 근·현대사를 중심으로 공부한다. 학교 수학수업 시간에는 영어나 사회공부를 한다. 기출문제를 반복해서 풀고 출제 경향을 따져 집중적으로 파고든다. 이런 방법으로 공부하면 편차치가 50인 아이도 와세다대학의 정경학부나 법학부에 합격하게 된다.

학교공부만을 성실하게 했던 편차치 60(상위 15% 정도—옮긴이) 이상의 아이가 와세다대학에 떨어지고 요령을 피워 공부하는 와다식 공부법을 택한 편차치 50인 아이가 와세다에 합격하는 역전현상이 일어나기 시작했다. 요컨대, 무턱대고 학교공부를 하는 것보다는 목표를 정해서 전략을 세우고 효율적으로 공부하는 편이 합격하기 쉽다는 것을 알게 되었다는 것이다. 바꿔 말하자면, 주어진 대로 공부하는 것이 아니라 스스로 목표와 과제를 설정하는 '능동적인 공부방법'을 통해 자신의 인생을 개척하게 되었다고 할 수 있다.

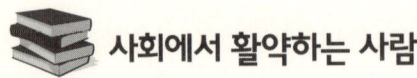

와다식 공부법이라고 해도 내가 독창적으로 만든 부분은 20% 정도이고, 나머지 80%는 나다고등학교(일본에서 도쿄대학 진학률이 가장 높은 명문 고등학교—옮긴이)에서 전해지는 노하우에서 힌트를 얻었다. 결국, 와다식 공부법은 나다고등학교의 노하우에 나의 체험을 더해 알기 쉽게 정리하고 다듬은 것이다.

예를 들어, 나다고등학교의 정기시험에서 50분간 치르는 수학과목 시험에는 대학 입학시험에서도 난이도 높은 문제로 분류되는 문제가 10개나 나온다. 당연히 시간 안에 모든 문제를 풀기란 어렵다. 다만, 이들은 모두 한번은 수업시간에 다뤘던 문제들의 유제들이다. 마치 외워올 것을 요구하는 것 같은 시험이다. 실제로 이 시험에서 점수를 따기 위해서는 문제와 해법을 모조리 외울 수밖에 없다.

당시 나는 필사적으로 문제와 해법을 외웠다. 그러는 동안 나도 모르는 사이에 수학점수가 급상승하였다. 10문제, 20문제 정도를 외웠다고 해서 큰 효과를 기대하기란 어렵다. 하지만 200문제, 300문제를 외웠다면 이야기는 달라진다. 그런 뒤에는 그 문제들의 해법을 조합해 모의고사도 어렵지 않게 풀게 된다.

이를 바탕으로 나는 '암기수학'이라는 것을 개발했다. 당시만 해도 수학은 사고하는 과목이라는 생각이 일반적이었다. 그런 때에 '수학은 암기과목이므로 해법을 암기하면 풀 수 있다'는 생각은 발상의 전환이라 할 만했다. 내 수학점수는 중학교 입학 당시만 해도 좋은 편이었다. 하지만 그 이후 추락을 거듭해 고등학교 진학 시점에는 상당히 낮은 점수를 받았다. 물론 공부 방식을 '암기수학'으로 바꾼 다음에는 성적이 다시 빠르게 올라갔다.

이런 방식으로 공부해 도쿄대학 의학부에 합격했지만, 나는 스스로 진정한 실력이 있다는 생각은 하지 못했다. 나를 제외한 의학부 동급생들은 모두 엄청나게 머리가 좋은 사람들뿐일 거라고 생각했다. 그런데 그들과 이야기하면서 깨달은 것은 그들 역시 누군가가 가르쳐주지 않아도 스스로 공부방법을 터득하고 있었다는 점이다.

만약 공립 고등학교 출신인 사람들이 도쿄대학에 입학했다면, 대부분의 사람들은 태어나면서부터 상당히 머리가 좋은데다가 학교공부도 성실히 하고 엄청나게 노력한 덕분이라고 생각한다. 하지만 실은 그들도 나름대로 공부방법에 대해 여러 모로 연구하고 전략을 세워 노하우를 발견했던 것이다.

물론 개중에는 천재로 태어나 그야말로 '머리가 좋은' 사람도 있었다. 하지만 그보다는 공부방법을 연구해서 합격한 쪽이 압도적으로 많았다.

결국 나는 입시공부로 성적이 오르는 것은 공부 머리가 좋거나 나쁘다는 데에 달린 게 아니라, 공부하는 방식 또는 공부방식을 생각해내는 머리가 좋고 나쁨에 좌우된다는 것을 확신했다. 도쿄대학 졸업장이 사회에서 통용되는 것은 머리가 좋아서가 아니라 스스로 공부법을 만들어내고 궁리해내는 테크닉을 가진 사람임을 증명하기 때문은 아닐까?

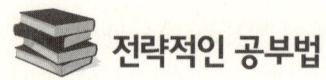 **전략적인 공부법**

학교공부와 입시공부는 완전히 다르다. 당신의 경우 대학입시생일 때 진정한 의미의 입시공부를 했는지 떠올려보라. 입시공부란 기출문제와 더불어 자신의 능력 특성을 분석해, 나오지 않을 것은 버리고 나올 만한 부분에 대해 암기법과 공부법을 연구해서 목표를 달성하는 것이다. 하지만 80∼90% 정도는 학교공부만 하고 입시를 치른다. 학교공부를 해서 모의고사 성적에서 "편차치가 이 정도니까 이 학교를 응시해보자"는 식의 방법을 취하는 것이다.

학원에 다닌다고 해도 과목별 학원 선생님이 말한 대로 공부하고 있을 뿐이다. 다시 말해, 학원에서 학교공부를 하는 것에 지나지 않는다는 것이다. 학원에서는 학교에서보다는 알기 쉽게 수업하기는 하지만, 학교 교과목으로 수업하기는 마찬가지다. 게다가 "합격점이 얼마니까 몇 점을 받으면 된다"라고 지도해주는 학원 선생님도 거의 없다.

예를 들어보자. 학원의 수학 선생님이 도쿄대학을 지망하는 문과학생에게 이렇게 말해주지는 않는다. "너는 영어와 사회를 잘하니까 수학은 20점만 받으면 충분해. 그러니까 그것만 공부하면 될 거야. 수학보다 영어 성적을 좀더 올려라." 대부분은 이렇게 말하는 대신 수학점수를 80점 만점에 60∼70점 받을 수 있도록 지도할 것이다. 요컨대, 전술이 없는 입시준비를 하는 셈이다.

나는 학원 선생님처럼 입시생들의 수학이나 영어 점수를 올려줄 수는 없지만 전술을 세우는 방법은 귀띔해줄 수 있다. 예컨대 이런 식이다. "합격 최저점까지 총합계가 30점 부족하니까 영어에서 10점, 사회에서 20점을 올리고, 수학은 현상유지를 하면 된다." 누구나 이 차이를 알 것이다.

정리하면, 진정한 입시공부란 교과목을 전부 모아놓은 뒤 "국어는 20점이면 된다. 대신 잘하는 영어와 세계사에서는 90점을 얻어 총점이 합격 최저점인 200점이 넘도록 하자"라는 전술을 세워서 공부하는 것이다.

당신은 어땠는가? 어떤 방식으로 공부했는가? 만약 당신이 학교 공부에서 입시공부로 방식을 바꾼 사람이라면 입시공부에서 성인 공부법으로 전환하기가 쉬울 것이다. 반대로 학교공부밖에 하지 않은 사람이라면, '공부에는 목표를 달성하기 위한 전략이 필요하다'는 것을 충분히 인식하길 바란다.

그리고 이것을 기억하자. '전략적인 공부법'이 바로 성인 공부법이란 것! 성인의 경우는 일하는 가운데 짬을 내어 한정된 시간 내에 공부하지 않으면 안 되기 때문에 더욱 더 전략이 필요하다.

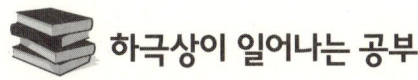 ## 하극상이 일어나는 공부

입시생들 사이에서 자주 볼 수 있는 현상은 대학입시 시점에서 일어나는 하극상이다. 특목고에 떨어진 학생은 일반 고등학교에 들어가야 하는데, 대학입시에서 그런 일반 고등학교에서 50명 정도가 도쿄대학에 들어가기도 한다. 한편 특목고 학생 가운데 성적이

좋지 않은 경우에는 도쿄대학은커녕 삼류대학에 떨어지기도 한다. 중고교 6년 동안에 역전현상이 일어난 것이다. 특목고를 졸업하고 삼류대학에 들어간 사람보다 일반 고등학교에서 도쿄대학에 들어간 사람이 더 높은 평가를 받는 것은 물론이다.

똑같은 현상은 대학교 4년 동안에도 일어난다. 도쿄대학 법학부에 들어가서도 4년간 제대로 공부하지 않아 행정고시나 사법고시에서 떨어지고 결국에는 민간기업에 들어가는 사람이 있는가 하면, 도쿄대학은 도저히 들어갈 수 없어서 니혼대학 법학부에 들어갔으나 4년간 주도면밀하게 공부해 사법시험에 합격한 뒤 변호사가 된 사람도 있다. 어느 쪽 실력이 더 뛰어난지는 명백하다.

역전현상은 사회인이 된 이후에도 나타난다. 일류기업에 들어간 사람이라도 그 이후에 공부하지 않고 기술을 갈고 닦지 않는다면 중소기업에 들어갔지만 부지런히 기술을 갈고 닦은 사람에게 최후의 승리를 내주어야 한다. 도쿄대학을 졸업하고도 명예퇴직당하는 사람이 있는 한편, 삼류대학을 나왔지만 회사에서 대활약하여 도쿄대학 졸업자를 종업원으로 고용하는 사람도 있다.

결국, 평소에 공부하여 계속 성장하는 사람이 불가능으로 보이는 역전을 이뤄내는 것이다.

03
조직을
움직이는
사람이 되라

와다식으로 공부하면 원래 학력이 높지 않더라도 와세다, 게이오, 죠치 같은 대학에 합격할 수 있다. 그렇다면 그렇게 합격한 사람들은 학력이 낮아서 활용도 높은 사람이 될 수 없을까? 그렇지 않다. 사회에 나와서도 그들은 멋지게 활약한다. 왜냐하면 그들은 학교공부처럼 주어진 일만을 해내는 일은 잘 못할지도 모르지만, 입시공부처럼 스스로 목표를 설정해 대책을 세우고 효율적으로 일하는 데에는 능하기 때문이다. 능력 면에서는 떨어질지 몰라도 그것을 보완할 만한 전략을 세울 수 있다는 말이다.

본서에서 내가 추천하는 공부법은 이런 공부법이다. 회사에서 주어진 과제를 두고 전전긍긍하는 것이 아니라 스스로 과제를 설정하고 요령 있게 그것을 해결하기 위한 것이다.

고도성장 시대를 살아온 제1차 베이비붐 세대 사람들은 주워진 일을 제대로 이루라는 기대 속에 자랐고 회사에서도 우수한 조직원이 되라는 요구를 받아왔다. 일본이라는 국가의 비즈니스 모델은 조직원의 질을 높임으로써 국제경쟁에서 이길 품질 좋은 제품을 만들어내는 것이었다. 그래서 사회는 개인에게 학교공부를 열심히 해서 주어진 과제를 풀 수 있는 사람이 되기를 요구했다.

그러나 저성장 시대인 지금은 상황이 다르다. 주어진 일을 해내는 것만으로는 부족하다. 사회가 원하는 것은 스스로 문제를 만들어서 그것을 해결해낼 수 있는 사람이다. 조직원보다는 조직을 움직이는 사람의 능력을 요구하는 것이다. 즉 능동적으로 과제를 설정해 해결해가는 스킬이 요구된다고 할 수 있다.

당연한 일이지만, 공부에서도 주어진 문제를 푸는 것뿐만 아니라 스스로 과제를 설정하고 전략을 세워 그것을 해결해 나가는 자세가 필요한 시대다.

학교 선생님이 말해준 문제를 푸는 능력, 상사가 건네준 과제를 해결하는 능력도 문제해결 능력임에는 틀림없지만 그것은 비교적 낮은 수준으로 이른바 조직원용 문제해결 능력이다. 그 문제를 해결할 수 있으면 보다 우수한 조직원이 될 수는 있겠지만, 그것으로 그 이상을 바랄 수는 없다.

반면 자신의 장래 문제를 해결하는 것처럼 보다 고차원적인 문제해결 능력을 가진 사람은 간단하게 답을 찾을 수 없는 과제에 대해서도 일정한 답을 이끌어내고 조직을 주도한다. 예컨대, 어떻게 판매하면 보다 높은 평가를 받을 수 있을까, 부자가 되려면 어떻게 하면 좋을까 등등 과제들을 스스로 생각하고 해결방법을 찾는다.

이것이 지금의 사회가 그저 조직원으로서 주어진 과제를 처리해 나가는 사람보다 자신이나 조직에 이득이 될 만한 문제를 제시하고 해결해 나가는 사람을 선호하는 까닭이다.

 ## 별 차이 없는 인간 뇌의 능력

나는 많은 입시생들을 보아오면서 사람은 모두 능력 면에서는 별 차이가 없다고 느꼈다. 물론 선천성 지적장애와 같은 경우도 있다. 또 그런 경우가 아니더라도 다소의 차이는 있을 수 있다.

그러나 대부분의 경우는 그 차이가 크지 않다. 도쿄대학에 들어간 입시생이나 이류대학에 들어간 입시생이나 뇌라는 관점에서 보면 그만큼의 차이는 없다는 말이다. 그저 공부하는 방법과 양에서 차이가 날 뿐이다.

설령 이류대학에 들어갈 수밖에 없다고 해도 비관할 필요는 전혀 없다. 외국에 나간다면 그 대학에 붙을 만큼의 기억력과 기초능력만으로도 수재들 틈에 낄 수도 있다. 게다가 지금 30대라면 급성장할 수 있는 소질을 갖추고 있는 셈이다. 어느 대학이든 대학에 들어갈 정도의 기초학력을 가지고 있다면, 30대라 해도 시간은 충분하다. 스스로는 이류대학이라 생각할지라도 경쟁이 치열했던 베이비붐 세대이므로, 거의 대부분은 대학에 입학할 수 있는 지금의 입시생들과 비교하면 기초능력이 월등히 뛰어날 것이다.

잠재력은 그것으로 충분하다. 하지만 공부법을 바꾸는 정도의 노력은 해야 한다. 이제 남은 것은 그뿐이다.

인지심리학에서 본 '머리 좋은 사람'

인지심리학에서 머리가 좋다는 것은 문제해결 능력이 높은 것을 가리킨다. 풍부한 지식을 사용해 폭넓게 추론하고 보다 좋은 해결안을 이끌어낼 수 있는 사람이 머리 좋은 사람이다.

예컨대, 자기 일에 관한 전문지식이나 취미, 오락에 대한 지식을 구사해 "판매가 저조한 우리 회사에서는 이런 아이디어를 실행한다면 판매량이 좀더 오를 것 같다"든가, "고객이 더욱 기뻐하기 위해서는 엔터테인먼트적인 요소를 도입하는 것이 좋을 것 같다"는 등 상황에 맞는 문제 해결책을 내놓을 수 있는 사람이 머리 좋은 사람이라는 것이다.

아무리 풍부하다 해도 업계지식만으로는 틀에 박힌 기획안밖에 내놓을 수 없겠지만, 취미나 오락에서의 경험이나 지식이 풍부하고 그것을 활용할 줄 안다면 이야기는 달라진다. 참신한 아이디어가 샘솟아날 것이다.

게다가 보다 좋은 문제 해결책을 내놓는 것만으로는 부족하다. 스스로 문제를 발견하고 과제를 설정할 수 있는 능력 역시 필요하다. 다시 말해, 문제해결 능력과 함께 문제발견 능력이 있는 사람이 정말로 머리 좋은 사람이라는 말이다. 예를 들어, 다음과 같이 문제의식을 갖고 현재를 파악하고 미래를 내다보는 사람이 높은 평가를 받는 것은 당연한 일이다.

"지금, 우리 회사의 성과는 나쁘지 않다. 그러나 3년 후에는 어떻게 될지 모른다. 따라서 3년 후 회사의 핵심이 될 만한 사업을 산출해내는 것이 필요하다. 앞으로는 오히려 이런 요구가 늘어날 것이다. 그러므로 시대 변화에 맞춰 이러한 대처를 해두어야 한다."

당면한 문제가 없을 때 굳이 문제를 발견해내고 그것을 해결해가는 능력까지 익혀둔 사람은 경영자로서의 소양이 있으며, 가까운 장래에 회사를 움직일 수 있는 자리를 차지하게 될 것임은 분명하다. 이런 사람이야말로 최후의 승리를 거머쥘 이상적인 인물이다.

 ## 풍부한 지식과 폭넓은 추론력

모름지기 일이란 양립시키지 않으면 효과가 발휘되지 않는 법이다. 예를 들어, 근래에는 IQ(지능지수)뿐만 아니라 감정을 컨트롤하거나 인간관계를 원만하게 만드는 EQ(감성지수)도 필요하다는 데 반대하는 사람은 없다. IQ가 높아도 EQ가 낮은 사람은 성공하기 힘들다. 그렇다고 EQ만으로 성공할 수 있는 것도 아니다. IQ와 EQ, 둘 다 갖추어야 높은 상승효과가 생긴다.

지식과 추론의 관계도 마찬가지다. 지식은 많을수록 좋지만 아무리 지식이 풍부해도 그것을 아이디어로 가공할 능력이 부족하다면 단순한 만물박사에 머물고 만다. 인터넷 등으로 간단하게 정보를 얻게 된 시대에 만물박사의 가치는 상대적으로 낮다.

그렇다고 해서, 인터넷에서 언제라도 정보를 얻을 수 있다고 해서, 지식이 필요하지 않은 것은 아니다. 지식이 빈곤하면 추론하기 어렵다. 추론의 근거와 발판이 되는 것은 풍부한 지식이기 때문이다. 다시 말해, 풍부한 지식과 폭넓은 추론의 양립이 필요하다.

이 세상에서 허용되는 유일한 탐욕은 바로 지적인 탐욕이다. 되도록 탐욕스러운 것이 좋다. 단, 이때의 탐욕은 양립을 목표로 해야 한다.

04

문제해결형 인간이 되라

학교에서 들은 대로 입시공부를 해온 학교 수재가 사회에서는 어떨까? 수재라는 이름에 걸맞은 역할을 해낼 수 있을까? 주어진 것만 해왔다는 점에서는 조직원 이상의 역할을 해내기 어려울지도 모른다. 그러나 학교에서 단련한 기억력이나 풍부한 지식, 뛰어난 계산력 등의 기초능력은 잠재력이 될 수 있다. 이것이 방법론만 바꾼다면 그들이 더욱 성장해 나갈 가능성이 높은 까닭이다.

학교에서 이루어지는 주입식 교육은 자주 비판을 받지만, 주입된 지식은 많을수록 좋다. 내가 유학할 때 특히 많이 느낀 것인데, 지식 없는 사람의 의견에는 알맹이가 없다. 물론 풍부한 지식뿐만 아니라 논증을 잘하는 것도 필요하다. 미국의 경우 대학이나 대학원에 들어가면 논쟁을 중심으로 한 프로그램이 주를 이루기 때문에 지식을 사용할 장소는 준비되어 있는 셈이다. 이것이 우리 교육과 커다란 차이를 보이는 부분이다.

하지만 30세가 넘었다 해도 지식을 활용하는 훈련을 한다면 얼마든지 문제해결형 인간이 될 수 있다. 미국에서도 30세 정도부터 비즈니스 스쿨에 들어가는 사람이 많다는 사실이 이를 입증한다.

배운 대로, 혹은 들은 대로만 행동하도록 가르치는 주입식 교육밖에 받지 못한 사람이라 해도 그를 통해 얻은 지식 자체는 쓸모없지 않다. 오히려 자산이 될 수 있다. 지식의 사용방식을 바꾼다면 문제해결 능력이나 문제발견 능력이 비약적으로 높아질 것이기 때문이다.

이제 지금까지의 자신을 돌아보자. 공부를 능동적으로 해왔는지, 들은 대로만 해왔는지 다시 한 번 돌아보자.

+ 지금의 30대는 잠재력이 높다. 지금부터라도 제대로 공부한다면 변호사든 의사든 충분히 될 수 있다.

+ 독자적인 공부 노하우, 즉 요령 있는 공부법을 발견하라. 자신의 능력 특성을 분석하고, 필요 없는 부분은 버리고 필요한 부분은 철저하게 파고드는 '선택/집중'형 공부로 전환해보자.

+ 전략 없는 공부는 효과가 없다. 목표를 정하고 그에 맞는 전략을 세우자.

+ 조직원용 문제해결 능력에서 벗어나 능동적인 문제해결 능력을 갖춘 사람이 되자.

+ 공부를 잘하고 못하고는 천부적인 재능의 차이가 아니라 공부방식과 생활방식의 차이에서 비롯된다.

02

뇌의 메커니즘을 활용한
아웃풋 학습

01

시험 없는 사회, 어떻게 공부할 것인가?

성인이 되면 아이 때와 비교해 기억력이 많이 떨어진다. 그 이유 중 하나는 나이가 듦에 따라 뇌가 노화하기 때문이다. 노화는 30 대에 이미 시작되므로 30세가 지나 갑자기 기억력이 떨어졌다고 느낀다 해도 전혀 이상한 일이 아니다. 그러나 기억력이 떨어지는 이유는 이뿐만이 아니다. 아웃풋하는 기회가 줄어들었다는 것도 큰 이유이다.

학생시절에는 왜 암기를 잘했을까? 정기적인 시험이 있었기 때문이다. 아웃풋할 기회인 시험이 없었다면 아마도 꼼꼼하게 외우려고 하지 않았을 것이다. 시험이 있기 때문에 암기를 할 수밖에 없어서 결과적으로 암기를 잘했던 것이다.

그런데 성인이 되면 시험은 없다. 무언가를 열심히 기억해도 그것을 배출할 기회가 없다면 암기는 정착되지 않는다. 학생들은 시험을 통해 아웃풋 트레이닝을 하게 되지만 성인이 되면 독서를 해도 그것으로 끝이 난다. 아웃풋할 기회가 없다는 것이다.

아웃풋할 수 없는 지식이란 쓸모없는 덩어리에 불과하다. 따라서 아웃풋이 될 수 있는 지식과, 아웃풋 트레이닝을 할 기회를 늘리는 것이 중요하다.

아웃풋 트레이닝

보통 중고등학생들은 학교 시험문제를 풀기 위해서 공부한다. 중간, 기말고사 등 학교의 스케줄에 따라서 아웃풋 트레이닝을 하게 된다.

하지만 우리가 눈여겨봐야 하는 것은 전략적인 입시공부를 하는 아이들이다. 이들은 기출문제에 많은 공을 들인다. 기출문제를 통해 알아낸 출제경향과 겹치는 범위 안에서 스스로 부족한 분야를 정리한다. 그렇게 범위를 더욱 좁힌 후에는 그 부분이 많이 출제된 문제집으로 공부한다. 즉, 자신의 능력 특성에 맞춰 과제를 만들고 아웃풋 트레이닝을 하는 것이다.

여기서 중요한 점은 이것이 학교나 학원의 테스트 스케줄에 맞춘 아웃풋 트레이닝이 아니라는 사실이다. 공부를 잘하는 사람들은 이처럼 스스로 아웃풋 트레이닝할 기회를 만든다.

스스로 과제를 만들어 공부하는 것, 이것이야말로 학교에서 제시한 문제를 푸는 학교공부와는 뚜렷하게 차별되는 입시공부이고 성공을 위해 도전하는 성인공부이다. 스스로 과제를 만드는 것은 아웃풋의 기회를 더 많이 만들고, 자신에게 맞는 아웃풋 트레이닝이 가능하게 한다.

시험이 아웃풋 트레이닝임을 간과하는 사람들이 의외로 많다. 아직 실력이 부족하다고 해서 시험을 치르는 것을 회피하거나 시험 자체에 불평을 늘어놓는 까닭이 여기에 있다. 하지만 시험은 아웃풋 트레이닝의 아주 좋은 기회이므로 적극적으로 이용해야 한다. 그뿐 아니다. 스스로 과제를 만들어 아웃풋 기회를 늘리는 데도 적극적이어야 한다.

직장 상사가 어느 날 "프레젠테이션할 준비를 하라"고 말했다. 그에 따라 자료를 모으고 보고서를 작성한 다음 프레젠테이션한다. 그 과정은 중요한 트레이닝이 될 것이다. 하지만 그것만으로는 주어진 문제를 해내는 것에 불과하다.

날마다, 주마다, 월마다 열리는 회의가 있다. 회의마다에는 주요 의제가 있고 회의에 참석한 모든 사람은 그에 대한 의견을 내놓는다. 이때 어떻게 하면 자신의 의견을 설득력 있게 제시할 수 있는지 늘 고민하는 사람이 있다. 그는 항상 자료를 모으고 보고서를 작성한다. 그리고 그는 유능한 인재로 통한다. 그는 평소 자기 나름대로 과제를 설정해 회의를 아웃풋 트레이닝의 장으로 만드는 사람이다.

 ## 누구에게서 합격점수를 받고 싶은가?

전략적으로 입시공부를 하는 사람은 자신이 지망하는 대학이 원하는 것을 제대로 파악하고 있다. 학교에서 배우는 내용은 다 같더라도 도쿄대학이 원하는 바와 와세다대학이 원하는 바는 다르다. 그 사실을 알고 그에 맞추어 공부하는 것이 합격하기가 더 쉽다. 이것을 사회인의 경우에 비춰보면, 회사가 원하는 것인지 자신이 원하는 것인지에 따라 필요한 공부는 달라진다는 것이다.

어떤 회사에서는 숫자 개념이 잘 서 있는 영업자를 필요로 하고, 또 어떤 회사에서는 프레젠테이션 능력이 높은 영업자를 원할 수도 있다. 법인을 상대로 하는 영업 스킬을 원하는 직장도 있고 개인을 상대로 하는 영업 스킬을 원하는 직장도 있을 것이다. 같은 영업 스킬을 연마하는 경우라 해도 요구되는 점에 따라 상황은 달라진다. 따라서 영업에 도움이 되는 공부를 하려 할 때에도 '무엇을 위한 공부인지' 명확하게 해두지 않으면 효율적인 공부계획을 세울 수 없다.

아웃풋 트레이닝을 할 때에도 상대가 누구인가에 따라 트레이닝 방식은 달라진다. 예를 들어, 사장의 맘에 들어야 출세할 수 있는 회사도 있을 것이고, 인사부장의 마음에 들어야 출세가 빠른 회사도 있다. 부하에게 덕망 높은 사람이 리더십을 인정받아 출세할 수 있는 회사도 있다. 요컨대 상대방에게 맞춘 아웃풋 트레이닝을 해야 한다는 말이다.

사장이 숫자를 좋아한다면 숫자가 줄줄 나올 수 있도록 아웃풋 연습을 할 필요가 있고, 인사부장이 심리학에 정통하다면 심리학 용어를 적당히 섞어 아웃풋 연습을 하는 것이 효과적이다. 따르는 부하직원이 많아야 출세하기가 쉽다면 전문적인 내용을 부하직원들이 알기 쉽게 설명해주는 아웃풋 능력이 필요할 것이다.

반면, 사내의 출세에는 연연하지 않고 바깥 세계에서 활약하고 싶은 사람이라면 회사에서는 별로 달가워하지 않아도 세상이 요구하는 스킬을 갈고 닦아야 할 것이다.

즉, 같은 주제에 대해 아웃풋하는 경우라도 '누구에게 합격점수를 받고 싶은가'에 따라서 그 방식이 달라진다. 이 점을 잘 이해해 상대가 원하는 바를 명확히 한 뒤 아웃풋 트레이닝을 하는 것이 보다 효율적임은 분명하다.

02

기억력을
높이는 방법

기억력을 높이기 위해선 우선 기억의 구조에 대해 이해할 필요가 있다. 뇌의 기억 메커니즘은 입력된 정보가 단기기억을 관장하는 '해마'로 가는 것으로 시작된다. 해마는 컴퓨터로 말하자면 메모리에 해당한다. 이 해마에서 필요하다고 판단된 정보만이 장기기억을 관장하는 측두엽에 새겨진다.

하드디스크에 해당하는 측두엽에 새겨지지 않은 정보는 장기기억으로 이어지지 않는다. 해마에서 보존되는 기억의 유효기간은 대개 1개월 정도라고 한다. 다시 말해, 측두엽에 새겨지지 않은 정보는 1개월 정도 지나면 자연히 사라진다는 것이다.

그렇다면 해마는 어떻게 정보의 중요성을 판단할까? 이것은 의외로 단순한 구조로 이루어진다. 기억 보존기간 동안 반복적으로 전송된 정보는 중요하다고 판단한다는 것이다. 즉, 1개월 동안에 몇 번이고 반복적으로 입력된 정보는 단기간에 잊히지 않으며 장기적으로 기억할 수 있게 된다.

정리하면, 기억을 잘하는 첫 번째 방법은 반복하는 것이다. 얼마나 반복했느냐가 얼마나 기억하고 있느냐를 결정한다. 하지만 무턱대고 반복할 수는 없다. 그래서야 효과적인 공부법이라고 할 수 없으니까. 기억이 오래가도록 만들기 위해 우리가 알아야 할 것은 무엇일까? 이제부터 그 이야기를 해보자.

 기억의 유효기간

사람의 기억은 얼마나 오래갈까? 선구적인 실험 심리학자인 에빙하우스의 망각곡선은 이를 잘 보여준다. 그는 사람이 어느 정도의 속도로 망각해가는지에 대해 실험했는데, 망각곡선은 그 결과다. 그에 따르면 100개의 단어를 기억했을 때 4시간 이후에는 40개를 잊어버리고 머릿속에는 60개만이 남는다. 또 3일 후에는 25개만이 남게 된다. 즉, 4시간 후에 40%를 잊어버리고 3일 후에는 75%를 잊어버리는 것이 인간의 기억이다.

잊지 않는 방법은 뭘까? 답은 분명하다. 적절한 때에 반복하는 것이다. 에빙하우스의 망각곡선에 따른다면, 4시간이 되기 전에 반복해 40%를 붙잡고, 3일 후에 반복해 75%를 붙잡아 두면 된다. 하지만 반드시 이런 간격으로 반복해야만 하는 것은 아니다. 일정한 간격으로 반복하는 것은 분명히 필요하지만, 학생이 아닌 경우에는 지키기 힘든 계획일 수 있다.

예컨대, 이런 방법은 어떨까? 처음 만나는 사람에게 명함을 건네받아 이름을 확인한 경우, 그대로 두면 금방 잊어버리고 만다. 이럴 때 받은 명함을 보면서 대화중에 "○○○씨"라고 몇 번씩 이름을 불러보면 어떨까? 그러면 해마는 중요한 정보라고 감지해 장기기억 장치인 측두엽으로 보내 장기기억을 하게 한다. 또 바로 명함을 명함첩에 넣어두지 말고 1개월 정도는 수첩에 끼워 며칠에 한 번씩 보는 것도 기억을 점점 정착시키는 방법이다.

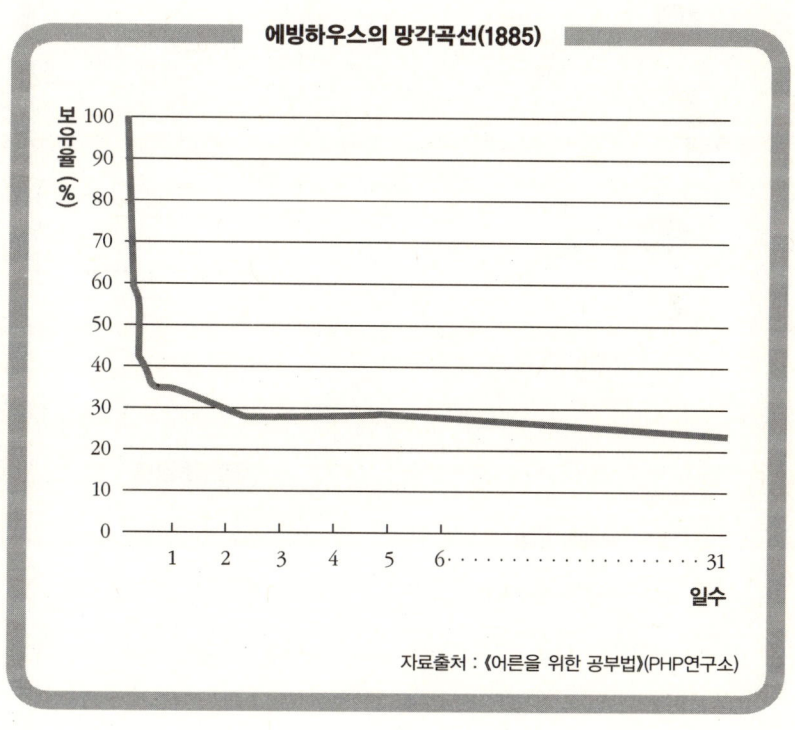

에빙하우스의 망각곡선(1885)

자료출처 : 《어른을 위한 공부법》(PHP연구소)

즉, 자신에게 맞는 간격으로, 또 자신에게 맞는 방법을 찾으면
되는 것이다. 시간관리에 관한 구체적 소개는 6장에서 계속하기로
하고, 여기에서는 이것 하나만 기억하자. 기억이 오래가도록 하려
면 뇌 속에 반복하여 인풋하는 것이 중요하다는 것!

기억 메커니즘을 다른 관점에서 볼 수도 있다. 기억되어 활용되
기까지 과정을 입력, 저장, 출력이라는 3개의 단계로 나누는 것이
다. 각 단계는 '기명', '보존', '상기'라고도 부르는데, 컴퓨터 용어로

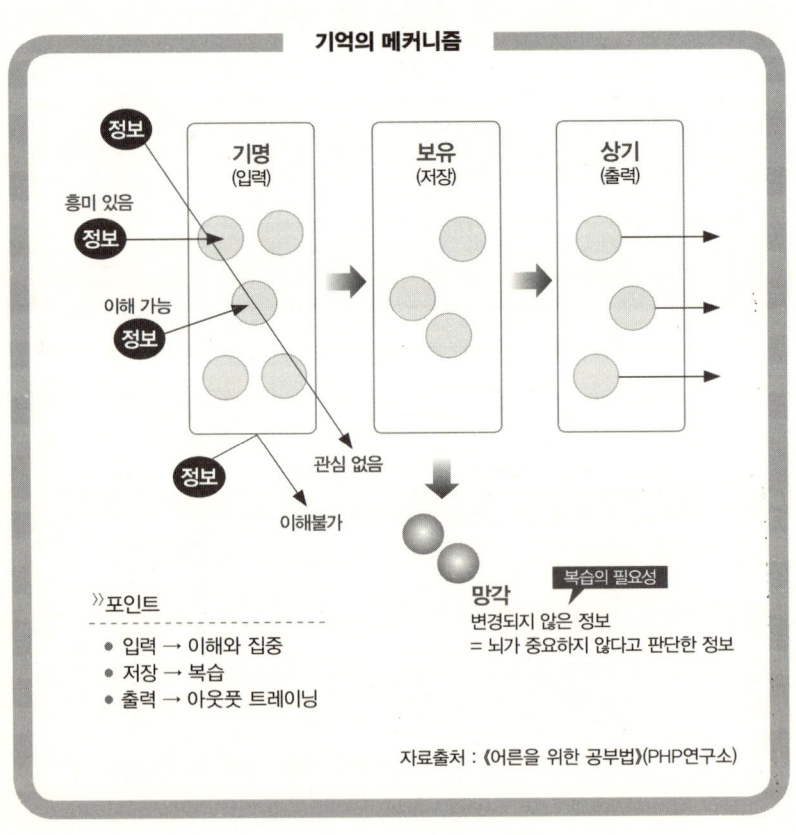

기억의 메커니즘

자료출처 : 《어른을 위한 공부법》(PHP연구소)

바꾸면 '부호화', '저장', '검색'이라고 할 수 있다.

　이 3개의 단계를 각각 잘 밟아 나가면 기억력은 높아진다. 입력을 잘하기 위한 포인트는 이해와 집중이고, 저장을 잘하려면 반복이 빠져서는 안 된다. 또 출력에 있어서는 아웃풋 트레이닝이 필요하다. 요컨대, 입력, 저장, 출력의 모든 단계를 소홀히 하지 않고 밟아 나가는 것이 중요하다고 하겠다.

 ## 30세부터 유용한 에피소드 기억

보다 효율적인 기억을 위해 생각해야 할 것이 하나 더 있다. 기억에는 '의미기억'과 '에피소드 기억'이 있다는 사실이다.

　의미기억이란 단어의 의미를 기계적으로 외워가는 것이다. 한자를 외우거나 영어단어를 외우는 것과 같은 단순기억은 의미기억이라고 할 수 있다. 이는 머릿속에 사전을 만들어가는 것과 같은 작업이다.

　이에 비해 에피소드 기억이란 대상의 배경이나 스토리를 파악한 후 내용을 이해하면서 외워가는 것이다. '어떻게 이런 일이 생겼을까' 등 이해하는 과정을 거쳐 외워가는 것을 의미한다. 예를 들어, '1192년 가마쿠라 막부 성립'이라고 외우는 것은 단순기억이지만, '왜 이 시대에 가마쿠라 막부가 성립되었는가? 그 배경은 무엇인가?'를 이해하면서 외우거나, '그러고 보니 가마쿠라 막부에 대해 수업할 때 선생님이 재미있는 농담을 했었지!'라는 식으로 외운다면 에피소드 기억이 된다.

일반적으로 아이들은 이해가 잘 되지 않더라도 들은 것을 통째로 암기해버린다. 단순기억을 잘하는 것이다. 이에 반해 성인이 되면 단순기억을 하기가 힘들어진다. 사람의 이름을 외우는 것과 같은 단순한 기억은 쉬운 일이 아니다. 그래서 가능한 한 이해를 하면서 기억해 나가도록 연구할 필요가 있다.

 ## 전문서보다 입문서가 먼저

30대나 40대가 되면 자존심 때문인지 입문서를 읽지 않으려는 경향이 있다. 경제를 전공하지 않은 사람이 경제 공부를 할 때에도 경제 전문서부터 읽는다. 문제는 이렇게 하면 이해는 되지 않은 채로 계속 공부가 진행되어버릴 가능성이 높고 기억이 정착되기가 쉽지 않다는 것이다.

이해하기 위해서는 아주 간단한 입문서부터 읽을 필요가 있다. 그럼에도 이해하기가 어렵다면 고등학교의 사회 교과서나 참고서로 다시 돌아가는 것도 방법이다. 이해를 바탕으로 경제에 대한 기초지식을 닦는 편이 좋기 때문이다.

성인이 된 이후에 고등학교 교과서를 한번이라도 다시 본 적이 있는 사람이라면 이 말의 의미를 이해할 것이다. 당시에는 그토록 어렵게만 느껴지던 것이 성인이 된 이후에는 이해가 아주 잘된다. 이 정도라면 다시 고등학교로 돌아가 공부하고 싶다는 생각이 들

정도다.

다시 경제 공부 이야기로 돌아가자. 경제란 숫자로 이루어진 세계이기도 하므로 경제 공부에 있어서 수학적인 소양을 빼놓을 수는 없다. 그런 소양 없이 경제를 이해하고자 하면 힘들 때가 있다. 예컨대, '리스크'에 대해 이해하려 한다면 분산이나 표준편차에 대해 알지 않으면 안 된다. 그런데 분산이나 표준편차가 무슨 의미인지는 대충 알겠지만 어떻게 하는 건지 잊어버렸다면 어떻게 할까?

이럴 때에도 고등학교나 중학교 수학 교과서로 돌아가는 게 좋다. 잠깐만 짬을 내어 살펴보는 것만으로도 분산이나 표준편차에 대한 기초는 튼튼해진다. 그런 다음 다시 경제 관련 전문 서적에 도전한다면 이해하기 훨씬 쉬울 것이다.

 ## 기억력을 높이려면 집중하라

입력이 잘 되게 만드는 또 하나의 요소는 '집중'이다. 얼마나 집중할 수 있느냐는 얼마나 기억할 수 있느냐로 직결된다. 따라서 가능한 한 집중력을 높일 수 있는 방법을 찾아야 한다.

집중력을 키우기 위해 우선 가장 흥미 있는 것으로 주제를 좁혀 잡을 필요가 있다. 흥미 있는 것에 관해서는 의식하지 않아도 자연스럽게 기억되는 일이 많다. 와인을 좋아하는 사람은 자신도 모르는 사이에 와인의 병 모양이나 포도의 종류, 빈티지, 산지 등을 기억하게 되고, 심리학을 좋아하는 사람은 여러 명의 치료사나 다양한 치료요법의 이름을 자연스럽게 기억한다. 이것은 집중 정도가 흥미에 따라 높아졌기 때문이다.

성인이 되어 공부하는 경우에는 싫은 것도 무리해서 해야 할 필요는 없다. 가장 흥미 있는 것을 공부하면 된다. 일과 관계가 없더라도 포도주에 관심 있는 사람이라면 소믈리에 시험에 도전하거나, 어릴 적 꿈이 기상예보관이었던 사람이라면 기상예보관 시험에 도전해보아도 좋다.

그런 것을 공부해 어디에다 써먹느냐고 생각하는가? 전혀 쓸데 없는 것처럼 보이겠지만 반드시 그렇지만도 않다. 우선 공부하고 싶은 분야를 공부할 수 있어 좋다. 또 예컨대, 영업자라면 고객과 만날 때 대화내용을 풍부하게 할 수 있어 좋다. 그러면 좋은 인상을 심어줄 것임은 당연하다. 일과 관계 없는 분야라도 공부해두어 손해 볼 일은 없다.

그렇다면 흥미 있는 일을 발견하지 못한 경우에는 어떻게 하는 것이 좋을까? 공부할 필요는 있는데 흥미를 느끼지 못한다면? 이럴 땐 '절박함'이 도움이 된다.

절박한 상황에 집중력이 얼마나 높아지는지는 경험을 통해 잘 알고 있을 것이다. 평소보다 시험기간에 공부가 더 잘되는 까닭이 바로 여기에 있다.

만약 경제와 관련된 일을 하는 사람이 세금에 관한 공부를 한다면 당연히 집중력이 높아질 것이다. 경제 관련 분야에서 일하면서 세금 관련 공부를 해야 한다면 발등에 떨어진 불일 테니 말이다. '그때 공부를 해둘걸'이라고 후회하는 순간이 되면 이미 늦어버리므로 그 분야에서 일하고 있을 때 공부해두는 편이 좋다.

절박한 상태를 만들기 위해 스스로 마감일을 정해 지인들에게 선언하는 것도 한 방법이다. 예컨대, "나는 올해 안에 세무사 시험에 합격할 거야"라고 선언하면 말의 무게 때문에 실행할 수밖에 없게 된다. 혹 무리일 거라는 지인들의 지적을 듣는다 해도 그것으로 인해 오히려 '반드시 합격하고야 말겠다'는 의지가 생겨 집중을 하게 된다.

또 '이 날까지, 여기까지 공부해놓지 않으면 1개월간 텔레비전을 봐서는 안 된다'는 식으로 스스로 페널티를 정해두는 것도 절박한 상황을 만들 수 있다.

이렇게 스스로를 '~하지 않으면 안 되는' 상황으로 몰아가면 집중력이 높아져 기억력도 좋아진다.

 ## 집중에 방해되는 요소

흥미 있는 일을 찾아내거나 절박한 상황을 만드는 것은 집중력을 높이는 데 좋은 방법이다. 이 외에 집중력에 방해가 되는 요소를 없애거나 줄이는 방법도 있다. 즉, 마이너스 요인을 제거하는 방법이다.

예컨대, 텔레비전을 보거나 라디오를 들으면서 공부하면 그만큼 집중력이 떨어진다. 또 주변에 어지럽게 놓인 물건들도 집중력을 떨어뜨릴 수 있다. 이럴 땐 먼저 산만하게 만드는 것들을 정리한 후에 공부하는 편이 좋다.

집에서는 가족들이 있어 집중이 안 된다면 가까운 도서관에서 공부할 수도 있다. 근처에 도서관이 없다면 조용한 찻집에 가는 것도 방법이다. 오후 이후 찻집은 번잡스럽지만 이른 아침의 찻집은 상당히 조용하다. 아침에 일찍 일어나 찻집에 가서 공부하면 집중하는 데 큰 도움이 된다.

또 몸의 상태도 집중력에 영향을 미친다. 컨디션이 좋지 않은 날은 아무리 열심히 해도 집중력은 생기지 않는다. 술 취한 다음날처럼 컨디션이 나쁜 날은 공부하지 않아도 좋다. 그런 때는 공부를 해도 머릿속에는 남지 않는다.

그보다는 몸 상태가 회복된 상태에서 집중적으로 공부에 임하는 것이 효과적이다. 나쁜 컨디션 역시 집중력에 방해되는 마이너스 요인이 되는 것이다.

다시 한 번 말하지만, 집중력을 떨어뜨리는 마이너스 요인은 될 수 있는 한 피하면서 공부하는 것이 바람직하다. 하지만 금욕적인 생활을 하라는 말은 아니다. 취미생활이나 데이트를 포기하거나 아이와 노는 데 인색해지라는 게 아니다.

공부를 위해 모든 걸 포기하거나 뒤로 미루는 건 오히려 공부하는 데 방해요소가 될 수 있다. 공부하는 중에 그 일이 떠오르기 마련이기 때문이다.

'이번 주에도 데이트를 할 수 없어 여자친구가 화나 있을지도 모른다'라든지 '아이와 놀아주지 않아서 미안하다'고 생각되기 시작하면 공부를 하고 있어도 신경이 쓰인다. 이런 식이라면 공부에 집중될 리 만무하다. 오히려 역효과가 난다.

　신경 쓰일 만한 일은 미리 시간을 정해두는 것이 좋다. 1주일에 하루는 반드시 데이트하는 날로 잡거나 주말에 2시간씩은 반드시 아이와 논다는 식으로 시간을 나눠 하고 싶은 일을 하는 편이 좋다. 질질 늘어진 생활보다는 놀 때는 놀고 공부할 때는 공부한다는 식으로 시간을 정당히 할애하는 것이 집중력을 높인다.

03

오래 기억하는 아웃풋 트레이닝

학생일 때 가장 많이 들은 말이 복습하라는 것이었을 테다. 실제로 학생일 때에는 복습이 늘 하는 일이기도 했다. 물론 얼마나 충실히 했는지는 말하기 곤란하겠지만, 아무튼 하기는 했다.

하지만 성인이 되면 그렇지 않다. 복습이 중요하다는 건 알지만 실제로 복습하기란 쉽지 않다. 학생 때보다 훨씬 더 어렵다. 물론 이래서는 기억이 정착되지 않는다는 것을 우리는 안다. 기억력을 높이기 위해서는 복습을 반복하는 것이 필요하다.

그렇다고 해서 이미 읽은 책을 바로 다시 한 번 읽는 것은 좀처럼 하기 힘든 일이다. 읽기 위해 책을 손에 잡는다고 해서 바로 내용에 집중하기도 쉽지 않은데, 금방 읽은 내용을 다시 읽기란 참 어렵다.

그래서 몇 가지 요령이 필요하다. 우리가 여기에서 할 이야기가 바로 그것에 관한 것이다.

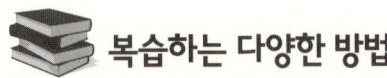 **복습하는 다양한 방법**

금방 읽은 책을 다시 한 번 읽기 어려울 때에는, 우선 읽은 책의 내용을 생각나는 대로 한번 써보는 방법을 권한다. 이것은 아웃풋 하는 기회가 되기도 한다.

읽은 책의 요점을 써볼 수도 있고 주제에 대한 자신의 의견을 써봐도 좋다. 읽으면서 이해한 내용을 정리해보는 것도 한 방법이다. 반대로 이해하지 못한 내용이 있으면 그에 대해서도 적어본다. 이를 통해 자신이 구체적으로 무엇을 이해하고 무엇을 이해하지 못했는지 확인할 수 있고, 이해한 부분은 건너뛰고 이해되지 않는 부분만을 다시 읽어 확실히 공부가 되도록 할 수도 있다. 이런 방법은 효율적인 복습이 된다. 이로써 이해의 정도도 깊어지며 그와 동반하여 기억도 확실해진다.

그저 글을 쓴다는 게 재미없다고 생각되는 사람은 블로그에 글을 올리는 방법을 생각해볼 수 있다. 방문하는 사람이 하나둘 늘어나고 잘 읽었다는 인사말을 담은 댓글이 달리기라도 하면 글을 쓰는 일에 책임감과 기쁨을 동시에 느낄 수 있다. 게다가 망신을 당하지는 말아야 하므로 열심히 공부해서 글을 쓰게 된다. 그러는 동안 자신의 이해 정도나 견해는 더욱 견고해질 수밖에 없다.

또 최근에는 블로그에 실린 글이 출판 소스가 되기도 한다. 출판 편집자들이 블로그들을 꼼꼼히 체크해 재미있는 글을 쓰는 사람에게는 출판을 제안하는 일도 적지 않다. 블로그에 글을 올리면 여러 의미에서 기회가 생긴다.

글을 쓰기 싫은 사람은 간단한 그림으로 표현해보는 것도 좋다. 그림으로 나타내려면 아무래도 깊은 이해가 필요하다.

예컨대, 동그라미와 동그라미를 화살표로 이을 때 어느 쪽이 근거이고 어느 쪽이 결론인지를 이해하지 못한다면 연결할 수가 없다. 인과관계인지 병렬관계인지 포함관계인지를 생각하면서 그림으로 그리는 동안 이해가 깊어지고 그에 따라 책의 내용이 완전히 파악되기도 한다.

그림으로 나타내는 것의 또 다른 장점은 프레젠테이션에 강해진다는 것이다. 요즘은 일반적으로 파워포인트를 이용해 작성한 자료를 화면에 띄워 프레젠테이션하는데, 이때 긴 문장으로 적힌 자료를 사용하는 경우는 점차 줄고, 대신 그림으로 잘 정리된 자료를 사용하는 경우가 주를 이룬다.

책을 읽은 뒤에 그 내용을 그림으로 나타내 두면, 프레젠테이션 자료를 만드는 일이 쉬워진다. 급하게 프레젠테이션을 의뢰받았다 해도 간단하게 자료를 만들어낼 수 있다. 게다가 그 그림들은 머릿속에서 이해가 동반되어 나온 것들이므로 설명을 할 때나 질문을 받을 때 대응하기도 쉬울 것이다.

아웃풋의 장으로 활용하는 대화

글을 쓰는 것도 그림으로 나타내는 것도 귀찮은 사람들에게 좋은 방법은 없을까? 물론 있다. 책에서 읽은 내용을 다른 사람에게 이야기하는 것이다. 텔레비전이나 인터넷을 통해 본 것을 소재로 이야기할 때처럼 자연스럽게 책의 내용을 화제로 삼는다. 하지만 그저 이야기만 해서는 안 된다. 이른바 '설명하듯' 진술할 수 있어야 한다.

처음에는 쑥스럽게 느껴질 수도 있다. 하지만 인풋한 내용을 아웃풋하는 연습이라고 생각하자. 책 내용이나 텔레비전에서 본 것을 글이나 그림으로 나타내지도 않고 남에게 말하지도 않는다면 금세 잊어버리게 된다. 기억력을 높이기 위해 아웃풋 트레이닝을 하는 것이라고 생각하면 남에게 이야기하는 것이 쉬워진다. 게다가 시간이 지나면 다양한 소스로 대화를 이끌어가는 멋진 사람이라는 인식을 심어줄 수도 있다.

만약 이야기한 내용이 틀려 지적당한다고 해도 움츠러들 필요가 없다. 지적당한 부분을 쿨하게 인정하고 다시 한 번 조사해서 고쳐 나가면, 그로 인해 이해는 깊어지고 불명확한 부분이나 논점이 깔끔하게 정리되기 때문이다.

더욱이 처음엔 창피를 당해도 다음에 이야기할 때 올바르게 이해한 내용을 언급한다면, 다른 사람으로 하여금 스스로의 성장 가능성을 인정하게 만드는 계기가 된다. 문제는 우리가 처한 상황에 있지 않다. 우리가 그 상황을 어떻게 만들어 나가느냐에 달려 있다.

기억을 돕는 뇌 활성화

과학적으로 효과가 있다고 밝혀진 것은 내게도 맞는지 시험해보는 것이 좋다. 도후쿠대학의 가와시마 류타 교수의 연구에 의하면, 책을 읽거나 단순계산을 할 때 소리를 내어 하면 전두엽 부분이 활성화된다고 한다. 이는 실험해볼 가치가 충분히 있는 연구 결과이다(161페이지 도표 〈뇌의 워밍업〉 참고).

단, 소리를 내어 읽거나 단순계산을 하는 것만으로 머리가 좋아지는 것은 아니다. 뇌가 활성화된 단계에서 제대로 된 공부를 하지 않으면 의미가 없다. 어디까지나 뇌의 워밍업으로써 사용해야 한다는 말이다.

공부할 때 처음 5분 정도는 책을 소리 내어 읽거나 1분 동안 단순계산을 한 뒤에 필요한 공부를 하면 보다 효율적으로 공부할 수 있어 공부한 내용이 머리에 더 잘 남게 된다.

 ## 노하우를 향상시키는 경험

수학공부를 할 때 10~20문제를 푼 것만으로는 그다지 효과가 없지만 200문제, 300문제를 풀면 급속도로 수학 실력이 는다고 앞에서 말했는데, 요컨대 이는 경험횟수를 늘리는 것과 일맥상통한다. 고객을 10명, 20명 만나는 것으로는 영업자에게 영업의 요령이 생기지 않지만, 200명, 300명의 고객과 만나는 사이에 점점 요령이 생기게 된다. 몇 백 명이나 되는 손님을 만나노라면 사람을 보는 눈이 생겨 상대를 어느 정도 패턴화시킬 수 있다. '이런 타입의 손님에게는 이런 설명방법이 더 좋다'는 것을 체득하게 된다. 그리고 그러면서 영업방법도 조금씩 업그레이드된다.

프레젠테이션을 할 때도 마찬가지다. 처음 몇 번은 서툴 수밖에 없다. 하지만 회를 거듭할수록 노하우는 쌓여가고 실력은 는다. 문제는 얼마나 빨리 스킬을 획득하느냐이다. 프리젠테이션의 경우 10회, 20회를 지나 100회 정도 해보고야 잘할 수 있게 된다면 문제가 될 수 있기 때문이다. 게다가 프레젠테이션을 들어주는 주위 사람에게 미안한 마음이 들 수도 있다.

하지만 걱정할 필요는 없다. 프레젠테이션은 수학문제와 다르고, 다양한 방법으로 아웃풋 트레이닝을 해온 사람이라면 단 몇 번만에 스킬이 향상될 것이기 때문이다.

다른 이야기이긴 하지만, 영화의 세계에서도 경험횟수를 늘리는 것은 중요한 듯하다. 타케타 요지로, 타카하시 토모아키, 수오 마사유키, 이츠츠 카즈유키 등 오늘날 활약하고 있는 영화감독 중 상당수가 에로영화 감독 출신인데, 에로영화는 감독 한 사람이 연간 5~10편을 찍는 게 일반적이다.

한 작품의 제작비가 300만~350만 엔 정도이고 감독에게 지불되는 연출료는 20만~30만 엔 정도이기 때문에, 작품수를 늘리지 않으면 먹고살 수가 없다.

그처럼 많은 작품수를 소화해내는 동안 감독들은 연출 노하우를 익히게 된다. "이 장면은 빼고 찍는 편이 좋다"든가, "이런 식으로 이야기를 전개하는 편이 좋다"는 등의 노하우를 체득하게 되는 것이다. 저예산 에로영화라고 해서 싸구려 영화기법만 쓰일 것 같지만 이런 것들이 의외로 메이저 영화에서도 통용되는 노하우가 되기도 한다.

〈착신아리〉를 연출한, 일본에서 가장 바쁜 감독이라 일컬어지는 미이케 다카시 감독도 많은 수의 영화연출 경험을 쌓아서 실력이 향상된 V시네마(극장에서 개봉하는 영화가 아닌 비디오용 영화—옮긴이) 출신이다. 물론 이들 감독들의 재능과 노력은 남다른 것이었겠지만, 경험의 축적이 있어 그 재능과 노력이 실현된 것임은 부정할 수 없는 사실이다.

경험이 축적되어야 한다는 말을 진부하게 생각하는 사람도 있을 것이다. 하지만 경험횟수를 늘리는 일은 아웃풋 횟수를 늘리는 일이기도 하다. 이를 통해 노하우를 얻는 것은 물론 기억력도 자연히 향상된다.

'완벽하게 알고 나면 남에게 이야기하자'라거나, '완벽하게 준비되었을 때 하자'고 생각하는가? 그러는 동안 다른 사람은 착실하게 경험을 쌓아갈 것이고, 자신에게는 경험이 쌓이지 않는다. 경험을 쌓지 않으면 기억력도 향상되지 않고 능력도 나아지지 않는다. 게다가 다른 사람과의 차이는 점점 더 벌어지고 만다.

실패를 두려워하는가? 실패를 한 번 더 경험하는 것은 성공을 한 단계 더 앞당기는 길이다. 오히려 '실패를 경험해보자'는 적극적인 생각으로 아웃풋 트레이닝을 계속해야 한다.

20대일 때는 회사에서 하고 있는 일은 모두 아웃풋 트레이닝이라고 생각해도 좋다. 40대가 되어서는 어떨까? 그때도 연습이라고 생각해서는 안 될 일이다. 하지만 지금 30대라면 아직 기회는 있다. 아웃풋 트레이닝을 계속한다는 생각으로 경험을 쌓아간다면 노련하고 여유 있는 40대를 맞게 될 것이다.

2장 · 와다의 어드바이스　　　　　뇌의 메커니즘을 활용한 아웃풋 학습

+ 스스로 문제를 만들어 아웃풋할 기회를 늘려라.

+ 지망대학 맞춤 공부법과 마찬가지로, 비즈니스에서도 상대에 따라 아웃풋 방법을 바꿔라.

+ 공부가 잘 안 되는 사람일수록 복습을 게을리 한다. 배운 것은 반드시 복습하라.

+ 외운 것은 쓰고 말하기를 반복하라.

+ 무엇이든 처음에는 입문서부터 시작하고, 어찌되었건 많은 문제를 풀어라.

Study Methods for Over 30s

03

능력을 높이는
와다식 사고법

01

성공을 위해
자신을
단련하라

1장에서 나는 인지심리학에서 말하는 '좋은 머리'란 풍부한 지식을 사용해 폭넓게 추론하는 능력이라고 설명하였다. 이른바 사고력이 좋은 두뇌의 주요 요소인 것이다.

그러나 지금 시대는 그것만으로는 부족하다. 머릿속으로 아무리 뛰어난 시뮬레이션을 해보아도 그것이 실제로 잘 될지 어떨지는 알지 못하기 때문이다.

물론 직접 해보는 시험을 거친다 해도 미흡한 부분은 나오기 마련이다. 그것을 수정하고 다시 시뮬레이션을 만들지 않으면 최고로 좋은 안을 내놓을 수 없다. 그런 의미에서는 '사고력'보다도 '시행력'이 요구된다고 말해도 좋을 것이다.

요컨대, 시행하는 능력을 키워 지치지 않고 도전해야 한다는 것이다. 성공은 도전을 멈추지 않는 자만의 특권이고, 멈춤 없이 도전하기 위해 단련해야 할 능력이 시행력이다.

지적 체력을 단련하라

시행력을 달리 표현하면 '지적 체력'이다. 어떤 일을 시험해보고, 실패하더라도 다시 아이디어를 내놓고 다시 도전하기 위해서는 지적인 체력이 필요하다.

이때 지식이 풍부하지 않으면 다음 아이디어의 씨앗이 없을 것이고, 추론력이 없으면 폭넓은 아이디어는 나오지 않는다. 그리고 지적 체력이 부족하면 거듭 도전하여 마침내 성공에 이르는 과정을 견뎌낼 수 없다.

현재와 같은 불확실한 시대에는 무엇이 성공할지 알지 못하기 때문에 거듭 실패하더라도 다음 아이디어를 내놓을 수 있는 지적인 체력이 반드시 필요하다.

물론 정신력도 필요하다. 한번 넘어졌다고 그 자리에 주저앉아 더 이상의 도전을 할 수 없다면 그건 안 될 말이다. 애초에 실패할 것을 어느 정도 예상하고 시행하는 것이므로, 실패의 경험을 살려 새로운 일을 도모할 수 있는 정신력은 반드시 필요한 요소다.

그뿐만이 아니다. 실제로 시험해보려면 본래 의미의 체력도 필요하고 금전적인 체력도 필요하다.

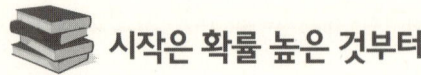 ## 시작은 확률 높은 것부터

일단 '저지르고 보자'고 말하지만, 아무런 계획도 없는 단계라면 이 말을 적용할 수 없다. 일단 저지르고 보면 그저 굴러간다는 생각은 위험하다. 당연한 말이지만, 준비가 된 상태에서 확률 높은 것부터 해나가야만 한다.

예를 들어, 100가지 아이디어가 있을 때 잘될 확률이 낮은 것부터 해나가는 사람은 없다. 성공을 위해 실패를 두려워하지는 말아야 하지만 실패가 분명한 일을 시작할 까닭은 없다. 따라서 이왕이면 잘될 확률이 높은 것부터 시작하는 건 당연하다.

그렇지만 실제로는 확률이 적은 것을 택해버리는 경우가 적지 않다. 예를 들어, 육아에 관해서는 '놀면서 공부하게 하는 게 좋다'고 생각하는 사람과 '엄하게 공부시키는 편이 좋다'고 생각하는 사람으로 의견이 나뉜다.

공부하는 습관을 몸에 배게 하여 지적 능력을 높이고 고등학교 이후의 목적을 위해서라면 엄하게 공부시키는 편이 잘될 확률이 높다. 물론 육아에 있어서 정답은 없으므로 실제로 그 아이에게 어느 쪽이 더 좋을지는 단언할 수 없다. 하지만 적어도 보다 안전한 육아방법은 후자 쪽일 것이다.

확실히 놀면서 자라게 하는 편이 천재가 되거나 개성이 강한 아이로 자라는 데 도움이 될 것이다. 그렇게 자란 아이가 나중에 연예인이나 배우로 활약하게 될지도 모른다.

그러나 아이가 천재로 자라게 될 확률이나 연예인으로 성공할 확률은 매우 낮다. 대부분의 아이들은 샐러리맨이 될 것이고 평범한 삶을 살게 될 것이다. 따라서 보다 안전한 육아는 지적 능력을 일정한 수준 이상이 되도록 키우는, 엄하게 공부시키는 쪽이라고 할 수 있다.

우리는 '고등학생 때 폭주족이었던 아이가 변호사가 되었다'는 것과 같은 내용의 뉴스를 간혹 본다. 그런 보도에 자극받아 '고등학생일 때는 어느 정도 탈선을 해보는 것도 좋다'라고 생각하는 사람도 있다. 그러나 폭주족이었던 고등학생이 나중에 변호사가 된 경우는 극소수에 불과하다.

주도면밀하게 공부해서 일류 고등학교를 거쳐 일류대학을 가는 편이 변호사가 될 확률은 더 높다. 확률이 높은 일을 선택하는 것이 합리적이라는 말은 당연한 이야기다.

비즈니스의 경우라면 더욱 그렇다. 확률이 높은 것부터 해나가지 않으면 시간이나 돈은 점점 나와 멀어진다. 내가 30대 회사원들에게 공부를 권하는 까닭이 바로 여기에 있다. 다양한 아이디어의 성공확률을 판단하는 능력이 필요한 시점이기 때문이다.

정보를 모으고 공부하다 보면 확률이 높고 낮음을 판단하는 능력이 생기게 된다. 다른 사람의 실패를 거울삼고, 끊임없는 공부로 얻은 지식을 바탕으로 실패하지 않는 도전을 할 시기가 바로 30대이다.

제로에서 시작하는 것은 위험부담이 높다. 성공할 확률이 그만큼 낮다는 말이다. 이미 남들이 실패한 방법은 피하고 남들이 성공한 방법을 따라하면서 가능한 한 확률이 높아 보이는 것부터 시행해야 한다.

그 확률을 판단하기 위해서 공부하는 것이다. 확률이 높은 것부터 시행을 해나가면 100개의 아이디어 중 적어도 7번째나 8번째 정도에서 성공하게 될 것이다.

일단 한번 성공하면 거기서 다음 도전을 위한 자금을 얻을 수도 있고, 무엇보다 중요한 자신에 대한 신뢰도 얻게 된다.

평면적 사고에서 입체적 사고로

사고력은 아이디어의 폭을 좌우한다. 평면적인 사고는 입체적인 사고에 비해 폭넓은 아이디어를 만들어내지 못다. 사람이라면 누구나 한쪽 입장에서만 사물을 보려는 경향이 있다. '입장을 바꿔서 생각해보라'는 말이 왜 나왔겠는가? 의식하지 않으면 그것이 힘들기 때문이다. 그래서 더욱 필요한 것이 사물을 다양한 입장에서 보는 입체적 사고이다.

예를 들어, 사업하는 사람은 아무래도 물건을 파는 입장에서만 사물을 보기가 쉽다. 판매가 저조한 까닭을 파악할 때에도 판매자의 입장에서만 원인을 찾는다. 당연히 새로운 것을 발견하기란 어렵다.

이에 반해 의식적으로 고객의 입장에서 사물을 보려는 사람은 어떨까? '여성고객이라면, 혹은 남성고객이라면 어떻게 생각할까?'를 늘 염두에 두는 사람에게는 늘 새로운 것이 발견된다. 시점을

입체적인 사고 어프로치

생산공정의 위생관리 비용을 늘려야 하는가?

"비용을 늘리면 회사 수입이 줄어든다!"

회사에 유리한 추론	회사에 불리한 추론
소비자는 안전성보다 싼 제품을 원하지 않을까?	소비자들은 싼 가격보다는 안전성을 중시할 것이다.
지금의 시설로도 충분하다.	소비자의 신뢰를 얻는 것이 가장 중요하다.
이익을 줄이면서까지 설비투자를 할 필요는 없다.	회사의 이익이 줄더라도 위생관리 설비에 투자해야 한다!

식중독 발생

평면적 사고의 최악의 패턴

결과적으로 막대한 임시비용 발생!

생산자로서 신뢰를 얻고 결과적으로 안정적인 수익을 얻는다.

"다양한 입장에서 추론하여 다양한 해결책을 항상 준비한다!" = 입체적 사고

자료출처 : 《이 공부법으로 '비즈니스 심리전'을 이겨내자!》(아스키)

바꿔보는 것만으로 입체적 사고가 만들어지고 추론하는 능력은 그만큼 풍부해진다.

그렇다면 지금까지의 입장을 바꾸어서 완전히 정반대의 생각을 하면 되는 것일까? 반드시 그렇지는 않다. 극단적인 논리는 논리의 폭을 알기 위해 필요한 것이지, 완전 정반대의 사고방식을 하는 것이 반드시 성공을 보장한다고는 할 수 없다. 대개의 경우, 정답은 양극단이 아니라 중간 정도에 있다.

'미스터 엔'이라고 불렸던 전직 대장성(우리나라의 기획재정부—옮긴이) 관료 사카키바라 에이스케 와세다대학 교수는 뉴욕에 가면 반드시 두 명의 경제전문가와 만난다고 한다.

한 명은 가장 낙관적인 전망을 하는 체이스 은행의 립스키, 다른한 명은 가장 비관적인 전망을 하는 모건스탠리의 스티브로치다. 이 두 사람을 모두 만나면 시장의 움직임을 어느 정도 파악할 수 있다고 한다.

양극을 모두 알아둘 경우, 예컨대, 뉴욕 다우지수가 가장 높은 때와 가장 낮은 때를 모두 염두에 둘 경우 그 폭을 상정할 수 있다. 환율에 대해서도 마찬가지다. 가장 높은 경우와 가장 낮은 경우를 상정하고, 자신의 의견을 정리할 수 있다. 중용을 알기 위해 극단적인 논리를 알고 그 폭을 알아두는 것이다.

02

활용할 정보는 많지 않다

요즘은 정말 넘쳐나는 게 정보다. 정보화 사회라는 말이 무색하지 않은 정도다. 신문이나 인터넷은 물론이고 텔레비전만 봐도 새롭고 놀라운 정보가 끊임없이 흘러나온다. 또 하루에도 수백 종의 책들이 출간된다.

하지만 이처럼 많은 정보 가운데 활용할 수 있는 정보는 얼마나 될까? 게다가 믿을 만한 정보는 또 얼마나 될까?

이것은 능력을 높이기 위해 공부를 하겠다고 맘먹고 이 책을 읽는 당신에게도 당면한 문제일 것이다. 믿을 만한 정보를 선택하고 적절히 활용하기 위해 우리에게 요구되는 사고법은 뭔지 이제부터 살펴보자.

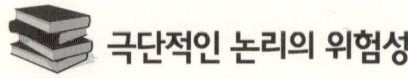 **극단적인 논리의 위험성**

텔레비전에 나오는 패널들은 시청자들의 관심을 모으기 위해 극단적인 논리를 펴는 경우가 많다. 인기를 얻기 위해 펼치는 그런 말을 그대로 믿어서는 안 된다. 경제 전문가 중에서는 환율이 '달러당 300엔'이 될 것이라고 말하는 사람이 있는가 하면 '달러당 60엔'이 될 것이라고 말하는 사람도 있다.

시청자에게는 극단적인 논리가 매력적으로 느껴지지만 그것은 어디까지나 극단적인 상황을 이야기하는 논리이므로 그냥 믿어버릴 수는 없다. 그런 극단적인 논리는 한계 설정을 위한 것임을 염두에 두어야 한다.

그러나 시청하는 순간 타당하다고 느끼는 극단적인 논리에 물들어버리는 경우는 의외로 많다. 그래서 사내 회의에서 이렇게 발언하기도 한다. "환율이 달러당 60엔이 된다고 합니다. 그러니 지금 당장 대책을 세워야 합니다."

이런 경우는 미디어의 정보에 휩쓸리기 쉬운 사람이라는 평가를 받기 쉽다. 또는 '극단적인 사람'이라는 이미지를 심어줄 수도 있다. 비즈니스 세계에서 극단적인 논리는 위험하다. 좋을 일이 없는 이런 자세는 당장 그만두어야 한다.

주로 비관적인 시나리오를 생각하는 사람은 리스크 매니지먼트에는 강하지만, 공격적인 매니지먼트는 할 수 없다. 반대로 낙관적인 시나리오만을 믿는 사람은 공격은 할 수 있어도 수비는 엉성해진다. 비관적인 시나리오와 낙관적인 시나리오, 둘 다를 동시에 생각한 뒤 행동에 옮기는 것이 바람직하다.

"현재 경제전문가들 사이에서 환율을 가장 높게 예상하고 있는 사람은 달러당 60엔이고, 가장 낮게 예상하는 사람은 달러당 300 엔입니다. 평균적으로는 이 정도를 예상하고 있는 전문가가 많습니다. 따라서 대응책으로서는……" 회의에서 이렇게 양극을 모두 염두에 두고 프레젠테이션하는 사람은 공부를 제대로 하였다는 인상을 줄 것이다. 또 사람들은 그의 의견은 경청할 가치가 있다고 느끼게 될 것이다.

자료를 조사하는 게 어렵다고 말하려는가? 인터넷이라는 아주 손쉽게 다양한 의견을 조사할 수 있는 방법이 있는데도? 인터넷에 올라온 자료들을 조금만 주의 깊게 살펴보면 누구나 전문가들이 어느 정도의 범위를 예상하고 있는지 파악할 수 있다. 그를 바탕으로 그 중간쯤을 전제로 프레젠테이션하는 것이 좋다. 단, 이럴 경우에도 이론(異論)과 극론은 예외로 두어야 한다.

 ## 정보를 의심하는 힘

인터넷은 정말 '정보의 바다'라 할 만하다. 원하는 정보뿐만 아니라 생각지도 못한 정보까지 인터넷으로 얻을 수 있는 정보는 그야말로 무궁무진하다. 하지만 그 모든 정보를 다 믿을 수는 없다. 정보를 수집할 때 정보를 의심할 수 있는 힘이 필요한 까닭이 바로 여기에 있다.

정보를 의심하는 힘이란, A라는 정보를 보았을 때 'A가 아니다'라고 결정해버리는 것은 아니다. 'A가 아닐 가능성'도 있음을 염두에 두는 것이다. 말 그대로 정보를 의심하는 것이다.

예컨대, '북한은 나쁜 나라'라는 생각을 바탕으로 작성한 글을 보았다고 하자. 정보를 의심하는 힘이 있는 사람이라고 그 글을 보고 '북한은 좋은 나라'라고 생각하지는 않는다. 이러한 생각은 다른 편에 선 또 다른 극단일 뿐, 의심하는 힘을 진정으로 발휘하고 있다고는 할 수 없다. '북한에도 좋은 면이 있을지도 모른다'는 생각으로 사고의 폭을 넓혀가야 한다는 말이다.

나 역시 북한에 대해서는 좋지 않은 인상을 가지고 있다. 또 김정일을 신용할 수 없는 사람이라고 느낀다. 하지만 만약 그보다 더 보수적인 사고를 가진 사람이 북한 사회에 있다면 김정일은 오히려 개혁파일 수도 있다.

또 김정일 정권이 쿠데타 등으로 붕괴되었을 때 북한 사회는 어떻게 변할까? 지금보다 더한 군사정권이 만들어질 가능성이 없다고는 할 수 없다. 정보가 적어 북한 사회의 실상이 어떤지는 알 수 없지만 여러 가지 면을 의심해볼 수 있고, 다양한 상황을 상정해서 시뮬레이션을 해두는 편이 더 타당하다 하겠다.

마찬가지 관점에서 미국 사회에 대해서도 생각해볼 수 있다. 미국식 사회를 옹호하는 사람도 있을 것이고 비관적인 견해를 내놓는 사람도 있을 것이다. 어떤 의견이든 그에 대해 우리가 취해야 할 기본적인 관점은 의심하는 태도이다. 일부 사람들은 미국이라고 하면 '선진국'이나 '아메리카 드림' 같은 말을 먼저 떠올린다. 심한 경우, 막연히 '좋은 나라'라고 생각해버린다. 또 그와는 반대로 이라크 전쟁을 일으킨 '나쁜 나라'라는 인식에서 벗어나지 못하는 경우도 있다. 하지만 어떠한 인식을 바탕으로 작성된 자료를 보더라도 우리가 취해야 할 태도는 그와는 반대되는 입장까지 고려하는 것이다. 예컨대, 미국의 좋은 점과 나쁜 점 모두를 인정하는 태도를 가져야 한다는 것이다.

인간관계에서도 마찬가지다. 도저히 마음에 들지 않는 사람이 있다고 하자. 이럴 때 '저 사람도 실은 좋은 사람'이라고 생각할 필요는 전혀 없다. '저 사람에게도 좋은 면이 있을지도 모른다'라든지 '저 사람과 사귀면 조금은 좋은 점이 있을지도 모른다'라고 생각하면 된다.

좋은 쪽이든 나쁜 쪽이든 간에 한번 의심해볼 필요가 있다. 지금까지의 사고방식을 부정하라는 것이 아니다. 부정할 수 있는 부분이 있을지도 모른다는 사실을 인정하고 찾아보자는 것이다.

 ## 주체적인 독서법

우리는 독서의 중요성에 대해 귀에 못이 박히도록 듣는다. 열심히 읽으려는 노력도 계속한다. 그런데 우리는 왜 독서를 하는 것일까? 공부를 하려고 맘먹은 우리가 독서를 하는 목적은 그 속에서 내게 필요한 정보를 얻기 위함이다.

그렇다면 책은 어떻게 읽어야 할까? 예를 들어, 내 책을 읽고 '와다가 한 말은 전부 옳다'라고 생각할 필요는 전혀 없다. '와다가 하는 말 중에서 이 부분은 틀리지만, 이 부분은 참고로 할 수 있다'라고 생각하면서 읽는 것이 가장 바람직하다. 필요한 부분, 써먹을 수 있는 부분만을 추려내서 이용하면 되는 것이다. 이런 독서를 '주체적인 독서법'이라고 한다.

주체적으로 독서하는 사람은 책의 내용을 자신에게 꼭 맞게 이용할 줄 안다. 내 입시공부법 책의 독자 중에는 와다식 공부법에 대해 상당히 잘 알고 있어서, 동료에게 "그 공부방법은 효율적이지 않다"라고 말하며 나름의 공부법을 권하는 데에만 열을 올리는 사람도 있다고 한다. 이런 사람은 비판적인 사고로 책을 읽은 사람이다. 하지만 그들은 원하는 대학에 합격했을까? 입시공부법 책을 읽는 궁극적인 목적은 합격이다. 저자로서는 책을 읽어주어 고마운 일이긴 하지만, 이 경우 독자로서는 책을 잘못 사용한 게 아닐까라는 생각이 든다.

저자가 하는 말을 전면적으로 받아들여 옳고 그름을 따지기 전에 자신에게 필요한 부분만을 제대로 추려낼 필요가 있다. 바로 이 부분에서 필요한 것이 비판적인 사고로 책을 읽는 주체적인 독서이다. 내용을 믿기보다는 정보로 이용하는 것이 중요하고, 주체적인 독서는 어떤 정보든 이용할 줄 아는 사람을 만든다.

반드시 책을 전부 읽을 필요도 없다. 책 속에서 중요하다고 생각되는 부분에 줄을 긋거나, 책갈피를 끼워두거나 접는 등의 방법으로 필요한 정보를 추려내는 것이 좋다.

관찰, 가설, 검증은 기본

미디어의 발달과 인터넷의 보급으로 우리가 얻을 수 있는 정보의 양은 엄청나게 늘었다. 그러나 그 가운데 많은 것이 2차, 3차 정보이다. 그래서 지금은 더욱 1차 정보가 중요한 시대이다. 그렇다면 그것이 1차 정보인지를 어떻게 확인할 수 있을까? 분명한 사실은 1차 정보를 확인할 수 있는 사람은 본인뿐이라는 것이다.

미디어 정보를 무작정 추종하지 않기 위해서는 스스로 관찰해 보는 것이 상당히 중요하다. 예를 들어, 업종과 관련되어 '머리 염색이 유행한다'는 말을 들었다고 하자. 이 말을 들은 A라는 사람은 거리로 나가 직접 관찰하면서 그 말을 확인한다. 신주쿠, 하라주쿠, 마루노우치에서 거리를 지나다니는 젊은 사람들을 100명씩 세고 그 가운데 몇 사람이 염색머리를 하고 있는지 데이터를 만드는 것이다. 이 작업을 통해 A는 실제로 염색머리가 유행하고 있는지, 또 얼마나 유행하고 있는지도 파악하였다.

지방에 사는 B라는 사람 역시 염색머리가 정말로 유행하는지 확인하기 위해 거리로 나갔다. 하지만 그는 도쿄에서 얼마나 유행하고 있는지는 알 수 없다. 다만 자신이 사는 지역의 상황은 확인할 수 있었다.

이처럼 단순한 작업으로 얻은 데이터는 A와 B에게 남과는 다른 정보를 얻게 해줄 것임은 자명하다. 남다른 정보를 가진 이들은 최근 경향에 따른 회사의 대처방안을 모색하기 위한 회의에서 남다른 의견을 피력할 수 있다.

부장이 말한다. "최근 젊은이들 사이에 염색머리가 유행하는 것 같다. 젊은 회사원을 위한 이벤트를 하거나 새로운 제품을 개발해 보는 건 어떨까?"

A가 말한다. "부장님, 제가 실제로 수를 세어보았는데, 하라주쿠에서는 머리에 염색한 사람이 100명 중 43명었지만, 마루노우치(일본 경제의 중심지로 재벌기업의 사무실과 금융기관들이 모여 있다—옮긴이)에서는 2명밖에 없었습니다. 회사원에게는 염색머리가 어울리지 않는다는 생각이 아직은 일반적인 듯합니다."

이런 일이 있은 후 A에 대한 평가는 예전과 달라졌을 것이다. 남다른 사람으로 인정받을 것이 확실하다. 다른 사람에게서 들은 정보뿐만 아니라 스스로 확인한 1차 정보는 신빙성이 높고 설득력도 가지게 된다.

그런데 실제로 그 회사는 이벤트를 하게 되었을까? 아니면 새로운 제품을 개발하게 되었을까?

관찰로 정보를 확인했다면 자기 나름대로 가설을 세워보는 것도 중요하다. 길거리에서 머리를 염색한 사람들을 관찰한 A는 이렇게 정리했다.

'머리염색이 유행하는 건 사실이다. 게다가 머리 모양도 모두 같다. 그렇다면 젊은 사람들은 남들과 똑같이 하고자 하는 경향이 강한 것은 아닐까? 젊은 사람들은 타인에게 동조하는 경향이 있는 것이다. 따라서 일정한 젊은 사람들의 마음에 들 만한 히트상품을 만든다면 유행하게 될지도 모른다.'

A는 비즈니스로 연결시킬 수 있는 가설을 세웠다. 물론 어디까지

나 가설일 뿐이므로 검증해보면 실제로 어떨지는 알 수 없다. 하지만 이러한 가설들을 통해 A는 검증할 가치가 있는 사업안을 제시하게 되고 궁극적으로 능력을 인정받게 된다.

　과학 실험과 마찬가지로 비즈니스에 있어서도 '관찰 → 가설 → 검증'의 프로세스를 반복하는 것이 중요하다.

03

성공을 위해 발상을 바꾸어라

정보의 신뢰성과 활용성을 따지는 것 못지않게 중요한 것이 발상의 변화이다. 같은 정보가 주어졌다 해도 그것을 어떻게 바라보느냐에 따라 결과는 달라지기 때문이다. 우리가 정보를 찾고 그 신뢰성과 활용성을 따지는 것도 결국은 좋은 결과를 위해서다.

그렇다면 우리는 주어진 정보를 어떻게 바라보아야 할까? 분명한 것은 별 생각 없이 지금까지 해온 대로 정보를 분석해서는 발전할 수 없다는 사실이다. 따라서 지금 우리에게는 새로운 발상을 위해 염두에 두어야 할 것들을 체크할 필요가 있다.

물론 이 문제는 목적이 무엇인지를 분명히 하자는 게 아니다. 목적을 향해 나아가는 동안 우리에게 필요한 사고법에 관한 이야기이다.

수학적 발상

수학적 발상의 기본은 확률론에 근거해 생각하는 것이다. 확률이 높은지 낮은지를 생각하고 기댓값을 산출해 일을 추진해가는 것을 말한다.

예를 들어, 가전제품 판매점에서 자주 벌이는 '100명당 1명은 공짜'라는 캠페인을 생각해보자. 소비자 입장에서는 10만 엔이나 하는 제품을 공짜로 받을 수 있다는 것은 엄청난 이득이라고 생각하게 된다. 한편 '모든 고객에게 2% 할인'이라는 말을 들으면 어떨까? 상대적으로 대수롭지 않게 생각하기 쉽다. 보통은 가전제품의 경우 2~3% 정도의 할인은 당연한 것처럼 여기고 있으므로 그다지 메리트가 있어 보이지 않는다.

그러나 가게 입장에서 드는 비용을 보면 고객 모두에게 2%를 할인해주는 것보다는 100명당 1명에게 공짜로 주는 쪽이 훨씬 이득이다. 비용이 절반으로 줄어든다. 따라서 '100명당 1명은 공짜'라는 캠페인은 수학적으로 따져보면, 손님에게 메리트가 있는 것처럼 보이지만 실제로는 가게가 이득을 보는 캠페인 방법인 것이다.

텔레비전이나 신문에서 흘러나오는 뉴스를 볼 때도 마찬가지다. 뉴스의 속성상 신기한 것일수록 뉴스거리가 될 수밖에 없다. 영향력이 크고 확률이 낮은 것일수록 뉴스가 되는 것이다.

예를 들면, 미성년자가 자살하면 상당히 큰 뉴스거리가 된다. 하지만 자살하는 사람 가운데 미성년자는 연간 600~800명 정도이다. 아직 나이 어린 청소년이라는 점에서 그 사회의 모든 성인들이 안타까움을 느끼는 까닭에 영향력 있는 뉴스가 된다. 또 연간 1만 명이 넘는 성인 자살자에 비해 흔한 일이 아니기 때문에 뉴스거리가 되는 것도 사실이다. 중·장년층의 경우 자살을 해도 특별한 일이 없는 한 뉴스거리가 되지 않는다.

그런데도 입시 노이로제로 미성년자가 자살했다는 뉴스가 각 채널에서 반복적으로 흘러나오면 많은 사람들이 '미성년자의 자살이 늘고 있다'고 생각하게 된다. 실제로는 중·장년층의 자살이 훨씬 많다는 것은 알지 못하고 말이다.

또 청소년과 관계된 살인사건이 대대적으로 보도되면 '아이들의 심성이 위험해지고 있다'는 식의 단편적인 결론을 내려 교육정책을 수정해야 한다는 의견이 나오기도 한다. 확실히 충격적인 사건은 막아야 하지만 어느 정도의 확률로 일어나는지 제대로 확인해둘 필요가 있다. 몇 십만 분의 1의 확률밖에 되지 않는 사건에 따라 교육정책을 바꾼다면 대다수의 평범한 아이들에게 불이익이 돌아갈 수도 있기 때문이다.

미디어의 보도에 현혹되어 성급한 일반화의 오류를 범하기 전에 확률적으로 따져보는 것이 중요하다. 그렇게 하지 않으면 본질적인 것을 놓쳐버리고 말 위험이 있다.

수학적 발상에서 염두에 두어야 할 또 다른 것은 경우의 수다. 'A라면 B다'라는 논리가 항상 옳다고는 할 수 없다. 어떤 논리라고 해도 전제조건이 있다. 전제조건이 C일 때는 'A라면 B'가 성립할지도 모르지만 전제조건이 D로 바뀐다면 성립하지 않는 경우도 있다.

엔고를 전제로 한 플랜과 엔저를 전제로 한 플랜의 결론이 서로 다른 것은 당연한 일이다. 경기가 회복기조에 있다고 볼 것인지, 아직 침체단계에 머무르고 있다고 볼 것인지에 따라서도 결론은 달라진다.

회의할 때 자신과 반대되는 의견을 가진 상대의 허를 찌르고 나아가 합리적인 논의를 진행하기 위해 전제조건이 무엇인지 꼭 짚어봐야 한다.

예컨대 이렇게 말할 수 있다. "그것은 엔고를 전제로 세운 플랜이 아닙니까? 하지만 엔저가 될 가능성도 배제할 수 없습니다. 따라서 그 점 또한 배려해야 된다고 생각합니다." 그리고 논의의 주도권을 쥐게 된다.

 ## 귀납적 발상법

엄격한 논리적 규칙에 근거한 사고방식인 연역법이란, 이치를 계속 따져 나가서 '결국 그렇게 하면 이렇게 될 것이다'라는 결론을 이끌어내는 것이다. 논리를 이야기할 때 가장 먼저 언급될 정도로 논리적 사고의 대표주자격이다.

하지만 현실의 모든 일에 논리가 반영되는 것은 아니다. 특히 지금 시대는 '이렇게 될 것이다'라는 예상을 하기가 힘든 시대다. 사회현상이나 인간의 몸과 마음은 생각했던 바대로는 흘러가지 않는 경우가 많다.

건강에 관한 예를 들어보자. '건강검진 수치를 모두 정상범위 내에 들게 만든다면 장수할 것이다'라고 생각하는 것이 연역법적인 발상이다. 그런데 수치를 모두 정상범위 내에서 유지한다고 해도 병에 걸리는 경우도 있고 장수를 할 수 없는 경우도 있다.

한편 연역법과는 반대의 과정을 거쳐 논리적 결론을 얻는 귀납법이란, 결과로부터 판단해 나가는 방법이다. 장수하는 사람들을 연구해서 '장수하는 사람들 가운데 A라는 행동을 하는 사람이 많으므로 A를 하면 장수할 수 있을 것이다'라고 생각한다. 결과가 좋은 사람의 행동을 분석해서 참고할 만한 결론을 도출해 나가는 방법이다.

이것은 비즈니스의 경우에도 적용된다. 해외의 비즈니스 스쿨에서는 성공한 회사의 사례를 철저하게 연구한다. 그리고 성공한 회사들이 하고 있는 일들에서 공통사항을 발견해 그것을 바탕으로 매니지먼트 이론을 만든다. 성공한 사람에게서 배우는 것은 전형적인 귀납법적 사고다.

'값을 내리면 더욱 많이 팔릴 것이다'라든가 '품질을 좋게 만들면 더욱 많이 사갈 것이다' 등의 연역법적 발상으로는 문제가 해결되지 않는 경우가 있다. 그러므로 귀납법적 발상을 시도해보자. '돈을 많이 번 회사는 소비자 가격을 내리지 않고 판매점의 리베이트를 늘렸다'라든가 '잘 팔리는 상품은 모두 광고를 잘한다'는 등의 공통점을 발견하고, 그것을 기초로 가설을 세우고 시험해보는 것이다.

주된 수학적 논증방법

**연역법
(삼단논법)** ▶ 추론을 거듭하여 옳음을 증명한다.

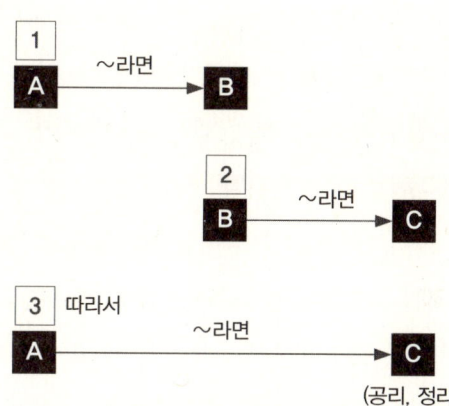

1 A ──~라면→ B

2 B ──~라면→ C

3 따라서 A ──~라면────────→ C

(공리, 정리)

① 누구라도 인정하는 공리 혹은 증명을 끝마친 정리 등을 기본으로 한다.
② 'A라면 B, B라면 C, 따라서 A라면 C'처럼 추론을 거듭해서 증명한다.

귀납법 ▶ 답이 어느 정도 예상될 때의 증명법

예를 들어, $1+2+3\cdots\cdots+n = \dfrac{n=n(n+1)}{2}$ 이 옳다고 상정할 때, 다음을 증명하는 방법

① n=1인 경우에 성립한다.
② n=k인 경우에 성립한다고 가정했을 때, n=k+1일 때 성립한다.

자료출처 : 《이 공부법으로 '비즈니스 심리전'을 이겨내자!》(아스키)

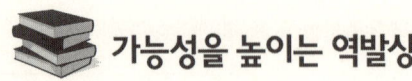# 가능성을 높이는 역발상

입체적인 사고의 중요성을 설명할 때 이미 언급한 바와 같이, 다른 입장을 인식하는 사람은 그렇지 못한 사람에 비해 사고의 폭이 넓어진다. 이와 관련해 역발상에 대해 생각해보자. 역발상은 다른 입장을 고려하는 것과는 다르다. 다양한 의견, 특히 양극단의 의견을 모두 염두에 두는 것이 입체적 사고라면 역발상은 말 그대로 거꾸로 생각해보자는 것이다.

예를 들어, 금연붐이 일어날 때 흡연코너를 설치한 가게가 오히려 살아남는 경우가 있다. 금연붐이 일어난다 해도 아직은 흡연자가 일정 비율로 존재한다. 따라서 붐에 맞추어 전면적으로 금연하는 가게가 늘어날수록 흡연코너가 있는 가게는 희소가치가 생기게 된다. 만약 비흡연자와 흡연자의 비율이 7대 1이고 흡연코너가 있는 가게가 100개 중 1곳밖에 없다고 하면, 흡연할 수 있는 가게에는 금연하는 가게보다 40배 이상의 사람이 모여들 가능성이 있는 것이다.

이처럼 어떤 것을 좋아하는 사람은 일정 비율로 있게 마련이고, 그런 사람들이 핵심적인 소비층이 되는 경우는 많다. 따라서 트렌드에 편승하는 것보다 핵심적인 소비층만을 상대로 사업하는 방법도 생각할 수 있다. 싼 물건이 인기가 많을 때 고급 물건을 내놓는다면 싼 물건에 불만을 가진 사람들이 모여들 가능성도 있다.

자격증 시험을 보려는 경우도 마찬가지다. 인기가 높은 자격증 시험은 경쟁률이 높다. 자격 보유자가 늘어나 그 가치는 상대적으로 감소하기도 한다. 따라서 막 생겨난 자격증이나 인기가 그다지 없는 자격증을 노리는 것이 좋을 때도 있다.

일반적인 경우, 자격증 시험은 갓 생겼을 때가 가장 합격하기 쉬운 법이다. 그에 대한 사회적 요구가 있고 자격증을 가진 사람을 필요로 하기 때문에 첫 회는 합격자 수를 어느 정도 확보해야만 하는 사정이 있다. 따라서 이 경우 합격할 확률은 보다 높아진다.

비교적 최근에 생긴 아파트 관리사 자격증의 경우를 봐도 알 수 있는 사실이다. 전통 있고 인기 있는 자격증에서 눈길을 돌리는 것, 그런 역발상으로 새로운 자격을 취득해두는 것도 하나의 방법이 될 수 있다.

 ## 공부하는 1시간을 돈으로 환산하면?

처음으로 입시공부법에 관한 책을 썼을 때, 나는 입시공부의 시급이 얼마나 될 것인지 계산해보았다. 당시 일류기업에서 일하는 직장인이 평생 받을 급여는 4억~5억 엔 정도로 추정되었다. 중소기업이라면 2억~3억 엔 정도였다. 따라서 입시공부를 열심히 해서 도쿄대학이나 교토대학에 합격한다면 일류기업에 들어갈 확률도 높아져 2억 엔 정도 이득을 보게 된다는 전제를 두고, 입시공부의 시급을 따져본 것이다.

그렇다면 대학 입시공부에는 어느 정도 시간이 필요할까? 어느 자료에서는 대략 2,000시간 정도면 합격할 수 있다는 추정치를 내놓고 있었다. 그 근거와 타당성은 차치하고, 일단 그것으로 입시공부의 시급을 따져보면 10만 엔이 된다.

또 이렇게 생각할 수도 있다. 일류대학에 들어간 사람과 이류대학에 들어간 사람의 실제 공부시간은 500시간도 차이가 나지 않는다. 어느 대학에 들어가든 일정 정도는 공부하기 때문이다. 따라서 누구나 하는 공부시간에 500시간을 추가하는 것만으로 평생의 임금이 2억 엔 늘어난다고 할 수 있다. 이 경우 공부시간의 시급은 40만 엔이 된다.

결국 '1시간을 허투루 보내면 40만 엔을 손해 본다'는 생각으로 공부해야 한다는 말이다. 그러고 보면 공부하기 힘든 것은 당연하다. 1시간에 40만 엔을 버는 일은 모두 힘들다. 게다가 그런 일은 흔치 않다.

성인이 하는 공부의 시급은 어떻게 될까? 우선 따져봐야 할 것이 있다. 어떤 자격증을 따거나 유학을 하게 되면 얼마만큼의 메리트를 얻을 수 있을 것인가? 자격증을 따서 전직에 성공한 A라는 사람은 연봉이 500만 엔에서 800만 엔으로 늘어났다. 그로써 A는 매년 300만 엔씩을, 10년이면 3,000만 엔을 더 벌게 되었다. 그렇다면 A가 그 자격증을 따기 위해서 몇 시간 공부했는지만 계산한다면 자격증 시험공부의 시급이 나오게 될 것이다.

유학하는 경우는 연간 500만 엔 정도의 비용과 몇 년간의 시간을 사용해야만 하지만 연봉은 그보다 더 높은 비율로 커질 가능성이 높다. 연봉 500만 엔인 사람이 연봉 1,500만 엔, 2,000만 엔이 될 가능성도 있다.

도전하고 싶다는 생각이 들면 지금 공부하라. 공부는 투자한 것 이상으로 보답한다.

04

'공부 잘하는 사람'이
되는 방법

01

'머리 좋은 사람' 만드는 메타인지

컴퓨터는 똑같은 연산 소프트가 인스톨되어 있어 같은 정보가 인풋된다면 같은 문제에는 매번 같은 답이 나오게 된다. 그러나 인간의 사고는 같은 지식을 인풋하여도 몸 상태나 감정 등에 좌우되어 다른 답이 나오기도 한다.

또 주위의 의견이 영향을 미치기도 한다. 2005년 국회에서 상정된 우정민영화 법안에 대한 입장이 총선 후 어떻게 바뀌었는지는 이를 잘 보여주는 예이다. 처음에는 반대했던 사람들 가운데 총선 이후 같은 법안임에도 갑자기 찬성으로 입장을 바꾼 사람들이 있다. 주위 사람들의 의견이나 감정에 좌우되어 답이 달라져버린 것이다. 그것이 인간과 컴퓨터가 가장 다른 점이다.

어떤 문제에 대해 전문적인 지식이 없거나 직접적인 관계가 없는 사람이 주위 의견에 좌우되어 스스로 의견을 바꾼다 해도 이상한 일이 아니다. 하지만 논리적 사고로 단련되었고 지식도 풍부한 전문가라면 상황은 달라진다. 의견을 번복하는 일이 반복되면 당연히 신용을 잃기 십상이다. 우리는 어떨까? 늘 객관적이고 주체적인 판단을 하고 있는 걸까? 또 어떻게 해야 그게 가능할까?

 ## 판단력을 일정하게 유지하는 법

항상 일정한 판단력을 유지하기 위해서는 메타인지가 필요하다. 메타인지(meta-cognition)란 자신의 인지 상태를 객관적으로 바로잡는 작업이다. 즉, 자신의 사고과정을 감시하고 조정하고 평가함으로써 바른 문제해결을 하자는 것이다.

주위 의견에 흔들리지는 않은지, 감정이 고조되어 무엇이든지 잘될 것만 같은 기분에 사로잡혀 있지는 않은지, 지금 상황에 대한 지식이 부족하지는 않은지 등 현재의 자신을 객관적으로 바라볼 필요가 있다. 그럴 수 있다면 자신의 사고가 옳았는지 틀렸는지를 체크할 수도 있다. 이처럼 메타인지의 목적 중 하나는 자신을 아는 것이다(100페이지 도표에서 '개인 내 변수에 관한 것' 참고).

인간에 대한 일반적인 지식('일반적인 사람 변수에 관한 것') 역시 자신을 바라볼 때 도움이 된다. 일반적으로 인간은 감정이 가라앉고 우울할 때는 비관적인 결론을 내리기 쉽고, 반대로 감정이 고조될 때는 낙관적인 결론을 내리기가 쉽다. 이런 일반적인 특징 역시 자

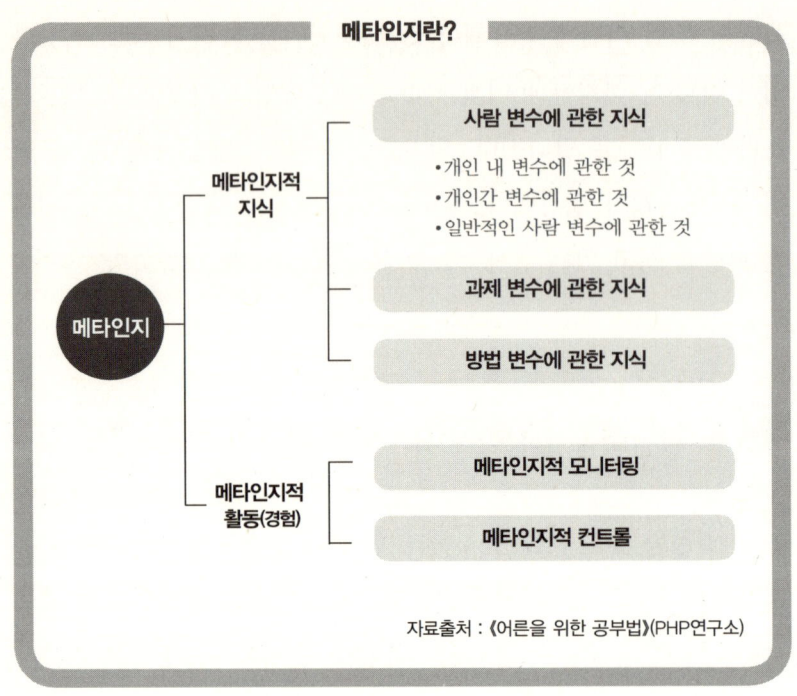

메타인지란?

- 메타인지
  - 메타인지적 지식
    - 사람 변수에 관한 지식
      - 개인 내 변수에 관한 것
      - 개인간 변수에 관한 것
      - 일반적인 사람 변수에 관한 것
    - 과제 변수에 관한 지식
    - 방법 변수에 관한 지식
  - 메타인지적 활동(경험)
    - 메타인지적 모니터링
    - 메타인지적 컨트롤

자료출처 : 《어른을 위한 공부법》(PHP연구소)

신을 체크하고 돌이켜보게 한다.

메타인지적 지식 중에는 '과제 변수에 관한 지식'도 있다. 이것은 자신이 어떤 과제를 잘하고 어떤 과제를 잘 못하는지를 아는 것이다. 자신의 능력을 잘 알고 있으면 무리한 과제는 하려 하지 않을 것이고 가능한 (확률이 높은) 일을 하고자 할 것이다.

노하우 역시 메타인지의 요소가 된다. '방법 변수에 관한 지식'은 과제에 대해서 자신이 어떤 노하우를 가지고 있는지를 체크하는 사고방식이다. 노하우가 적합하지 않다면 다른 노하우를 사용해 과제에 대처해야 한다.

앞에서 언급한 사람 변수에 관한 지식, 과제 변수에 관한 지식, 방법 변수에 관한 지식이 메타인지적 지식이라고 불린다.

 ## 스스로를 개조하는 법

메타인지의 사고에서 또 하나 중요한 것은 '자기 개조 능력'이다. 자신의 상태를 알아도 그것을 바꾸려 하지 않는다면 아무런 의미가 없다. 일에서 실패해 회사를 그만두려는 생각이 들 때 바로 그만둬버리는 것은 메타인지적 지식을 살리는 일이 될 수 없다. '우울해서 비관적인 결론을 내리고 있는 것은 아닌지' 돌아보면서 사직하겠다는 결론을 일단 보류하고, 기분을 전환한 뒤 다시 한 번 생각해볼 필요가 있다.

자신의 능력 특성을 파악하는 것 역시 중요하다. 하지만 '난 이런 면이 약하다'는 것을 알면서도 그 점을 강화하지 않는다면 성장할 수 없다. 행동하지 않으면 메타인지적 지식은 살아남을 수 없다. 예컨대, 자신이 '권위에 약하다'는 사실을 알고 있는 사람은 '다른 권위 있는 사람과도 부딪쳐보자'는 식의 행동을 취할지 여부가 포인트가 된다.

이처럼 메타인지적 지식을 바탕으로 메타인지적인 태도를 견지하고 행동하는 사람이 발전하는 것은 물론 결국 성공에 이르게 된다. 30대부터 더욱 발전하는 사람은 메타인지적 지식과 더불어 메타인지적 활동으로 자기개조를 할 수 있는 사람이다.

메타인지 능력을 높이는 방법

지식 · 추론

메타인지 능력

자신의 사고력에 대해 객관적으로 인지하는 능력

> 메타인지 능력이 없으면 지식이나 추론도 아무 쓸모 없게 된다.

정확한 문제해결

메타인지 능력을 높이는 관점

① **자신의 감정 상태를 체크한다.**
지금 내 마음은 냉정한가, 동요하고 있는가?

② **자신의 지식 상태를 체크한다.**
지금 나는 무엇을 알고, 무엇을 모르는가?

③ **자신의 능력 한계를 체크한다.**
지금 내가 할 수 있는 일은 무엇이고, 할 수 없는 일은 무엇인가?

자료출처; 《30대부터 시작하는 뇌가 좋아지는 공부 기술》(미카사 쇼보)

도구의 생산적 활용

지식이라는 것은 어디까지나 도구이다. 문제는 '그것으로 무엇을 할 것이냐'이다. 예컨대, 일본인의 경우 영어를 잘하는 사람의 능력을 과대평가하는 경향이 있다. 하지만 영어는 어디까지나 커뮤니케이션의 도구에 지나지 않는다. 영어를 잘하는 것만으로는 통역의 역할은 해낼 수 있을지라도 그 이상의 일은 할 수 없다.

미국 병원에서 근무할 당시 나는 놀라운 사실을 알았다. 아랍의 대부호들은 통역을 데리고 정신병원에 입원한다는 것이다. 그들은 영어를 못하는 것을 대수롭지 않게 생각한다. 그런 일은 통역에게 맡기면 된다는 것이다. 요컨대, 그들에게 있어서 언어란 어디까지나 도구에 지나지 않으므로 일부러 영어를 공부해야 할 까닭이 없다고 생각하는 듯했다.

국제회의에 참석한 프랑스 대통령이나 러시아 대통령, 중국의 주석의 경우도 마찬가지다. 그들은 회의에서 모두 자신들의 언어로 연설한다. 그에 반해 일본 정치가들은 대부분 영어로 연설한다. 물론 거기에는 이유가 있다. 패전국의 언어인 일본어와 독일어는 유엔의 공용어로 인정되지 않는다. 그 때문일까? 일본인은 영어 능력을 유난히 높이 평가한다. 그래서 영어를 잘하는 사람을 능력 있는 사람이라고 생각하는지도 모른다.

컴퓨터도 좋은 예가 된다. 10여 년 전까지만 해도 컴퓨터를 사용할 수 있다는 것만으로도 능력 있는 사람으로 대접받았다. 그러나 컴퓨터는 어디까지나 도구일 뿐이다. 앞으로도 계속 발전할 것이고 사용하기가 더 쉬워질 것이다. 그러면 컴퓨터 사용이 능력을 보여주는 측도가 되지 않는다. 실제로 지금은 누구라도 컴퓨터를 사용할 수 있게 되었다.

중요한 것은 도구를 사용해 '무엇을 생산해낼 것인가'이다. 지식역시 어디까지나 도구에 지나지 않는다. 지식을 사용해 어떤 아이디어를 생산해낼 수 있는가가 중요하다. 하지만 지식이 다른 도구와 다른 점은 분명 있다. 지식은 사고의 재료로 사용할 만한 수준에 이르면 더 이상 단순한 도구가 아니게 된다.

예를 들어, 메타인지라는 단어를 구굴에서 검색하면 약 10만 6,000건의 검색결과가 나온다. 메타인지의 의미는 금방 알 수 있다. 하지만 그 단어를 사용해 사고하기까지는 더 깊이 있는 지식이 필요하다. 따라서 메타인지라는 단어의 정의만을 알고 있는 사람과 그것을 사용해 제대로 된 논리를 정리한 사람은 같은 도구를 사용하고 있더라도 분명 차별된다고 할 수 있다.

30대에 공부해야 하는 이유는 여기에도 있다. 10대나 20대는 도구를 갖추고 사용법을 익히는 시기이다. 물론 그때 이미 도구의 단순 사용법을 완전히 익히고 생산적으로 활용하는 젊은이도 있겠지만, 대부분은 30대에 이것이 가능해진다. 30대 사람들에게는 그전에 익힌 지식을 비롯한 다양한 도구의 사용법을 생산적인 결과로 이르게 하는 경험과 열정이 있다. 그래서 30대에 하는 공부는 도구의 생산적인 활용을 완성하는 데 꼭 필요하다.

02

고정관념에서
벗어나라

발전과 개혁의 가장 큰 적은 고정관념이다. 새로운 것을 받아들이는 데 인색해지게 만들고 폭넓은 사고를 방해한다. 따라서 고정관념에 사로잡힌 사람은 공부 잘하는 사람이 될 수 없다. 고정관념이 한쪽으로 치우친 생각을 만들고, 역시 한쪽으로 편중된 지식을 쌓게 만들기 때문이다.

고정관념에서 벗어나 유연한 사고를 하기 위해서는 어떻게 해야 할까? 우선 고정관념을 만드는 스키마에 대해 알아보고, 그에 사로잡히지 않는 사고를 하려면 어떻게 해야 하는지 살펴보자. 그리고 자신의 지식이 편중되어 있지는 않은지 체크해보자.

고정관념을 만드는 스키마

스키마란 사물을 인식할 때 만들어지는 심리적 구조를 말한다. 예를 들어, 발이 4개 달린 어떤 물건을 보았을 때, '이게 뭐지?'라고 의문을 가지는 사람은 거의 없다. 과거에 반복한 경험을 통해 형성된 스키마로 인해 그 자리에서 바로 그것이 테이블인지 의자인지 판단할 수가 있다.

교육이란 그런 스키마를 만들기 위한 것이라고도 할 수 있다. 스키마를 가지게 되면 사고는 쇼트-컷으로 처리되어 효율적으로 사물을 인지하게 된다. 시험 문제를 보았을 때, 그것이 다리 수를 이용해 동물이 몇 마리인지 알아내라는 문제인지 이차함수 문제인지 바로 간파할 수 있는 것도 스키마 덕분이다. 장기나 바둑에서 정석을 익히는 것 역시 스키마를 만들기 위해서다.

그러나 스키마란 어떤 종류의 정해진 패턴이기도 하다. 패턴이 정해져버리면 고정관념이 되기 쉽고 폭넓은 사고를 하기 어려워진다. 예컨대, '염색한 사람'의 이미지가 '불성실'의 이미지로 연결되는 스키마가 있다면 그것은 고정관념이 된다. 염색했다는 사실에 집착한 나머지 그 사람의 진짜 능력을 보지 못하기 때문이다. 어쩌면 상당한 재능을 가진 사람일지도 모르는데, 스키마 탓에 그것을 간과해버리고 만다.

세상에는 수학을 잘하는 사람은 논리적인 사람, 국어를 잘하는 사람은 서정적인 사람이라는 스키마가 있는데, 본래 사람은 저마다 각자 다른 법이다. 공학부 출신으로 수학을 잘하면서 서정적인 사람이 있는가 하면, 문학부 출신으로 국어를 잘하면서 논리적인 사람도 있다. 그 사람의 진정한 모습을 보는 데 스키마가 방해되는 경우는 없는지 주의를 기울여야 한다.

비즈니스의 세계에서는 더욱 주의가 필요하다. 영업의 세계에는 '영업이란 몇 번 찾아가는가로 결정된다'고 생각하는 사람들이 상당수 있다. 베테랑이고 경험이 풍부한 사람일수록 그렇게 믿는 경우가 많은데, 그런 사람은 부하를 지도할 때도 이렇게 충고한다. "몇 번이고 찾아가라. 발이 닳도록 드나들면 팔린다."

이는 자신의 스키마와 일치하는 정보만이 들어오고 다른 정보는 들어오지 않는 경우에 속한다. "거봐, A는 매일 발이 닳도록 다니고 있기 때문에 영업 실적이 좋잖아." 이렇듯 자신의 스키마를 강화시키는 정보만을 받아들인다. 사실은 발이 닳도록 다녀서가 아니라 요령이 좋아서 실적이 좋을 수도 있지만, 그 사람에게는 그런 정보가 머릿속에 들어오지 않게 된다.

일반적으로 사람은 스키마가 강해지면 자신의 생각과 같은 정보만 받아들이고 다른 정보는 제거해버린다. 그 결과 고정관념이 강해져 점점 자신의 생각에 빠져들고, 정보가 편향되어 추론의 폭이 좁아지게 된다. 따라서 지금처럼 급변하는 시대를 따라갈 수 없게 된다. 정신을 차렸을 때는 이미 명예퇴직자 후보 명단에 이름이 올라 있을지도 모른다.

스키마는 교육에 의해서 형성되기도 하지만 경험에 의해 형성되기도 한다. 특히 자신의 성공 체험을 바탕으로 만들어진 스키마는 좀처럼 의심하기가 힘들다. 그러나 그곳에 함정이 숨어 있다. 자신이 가진 스키마가 고정관념을 만들고 있지는 않은지 살펴보라. 그리고 스스로에게 질문해보라. 정말로 이런 생각밖에 할 수 없는 걸까? 다른 가능성은 없는 걸까?

 ## 지식의 편중을 체크하라

일반적으로 사람은 마음에 드는 정보만 받아들이려는 경향이 있다. 그리고 그에 따라 대상에 대한 결론을 내린다. 하지만 이런 사고방식은 지식의 편향을 낳고 사고의 폭을 좁게 만든다.

《논어》를 읽는 사람들을 예로 들어보자. 보통 〈정론〉을 읽는 사람은 〈세계〉를 읽으려 하지 않는 경향이 있고, 〈세계〉를 읽는 사람은 〈정론〉을 꺼린다. 그래서 오른쪽으로 편중된 생각을 가진 사람은 점점 더 오른쪽으로 치우치게 되고, 왼쪽으로 치우친 사람은 더욱 왼쪽으로 편중된 생각을 키우게 된다. 사람을 사귈 때도 마찬가지다. 교제범위는 대개 비슷한 사고방식을 가진 사람만으로 만들어진다. 당연히 사고의 폭은 점점 더 좁아질 것이다.

심리학 세계에서도 지식의 편향이나 사고의 협착이 일어나기 쉽다. 심리학을 공부할수록 다른 사람의 마음 상태를 단정지어버리는 경우가 많아진다. 원래 사람의 마음이란 알기가 힘든 법인데 다 알고 있는 것 같은 생각이 든다.

예컨대, 이런 상황이 생길 수도 있다는 말이다. 정신분석 전문가가 말한다. "당신의 마음은 이렇습니다!" 상대방이 이를 수긍한다.

"예, 정말 그렇습니다." 그러면 정신 분석가는 '역시 내가 판단한 대로군'이라며 생각을 굳힌다. 반대로 상대방이 이렇게 말할 수도 있다. "아뇨, 그렇지 않습니다." 그러면 노련한 정신 분석가는 이렇게 생각한다. '본심을 억압하고 있군. 무의식의 세계가 그것을 부정하고 싶을 정도로 강한 생각에 사로잡혀 있는 게야.' 어떤 경우에도 자신의 생각을 바꾸지 않는다.

요컨대, 편향된 사고를 가진 사람들은 자신의 스키마에 맞춰 상대가 긍정하든 부정하든 자신의 사고방식만 옳다고 생각한다. 이렇듯 편향된 지식으로 사물이나 상황을 너무 쉽게 단정지어버리지는 않는지, 메타인지를 작동시켜 체크해둘 필요가 있다.

 ## 스키마에 사로잡히지 않는 사고

'A형은 책임감이 강하다' 혹은 'B형은 독창적이다' 등은 혈액형에 대한 전형적인 스키마다. 이런 말의 근거를 따지는 사람은 거의 없다. 오히려 많은 사람들이 그대로 받아들여 믿어버린다. 여기에다 자신의 스키마에 맞는 정보만 받아들이는 경향까지 더해지면 이상한 논리를 펴게 된다. 예컨대 A형이면서 책임감이 강하지 않은 사람이나 B형이면서 독창적이지 않은 사람을 보면 이렇게 정리해버린다. "저 사람은 예외다!" 참 쉽다.

학력에 관해서도 마찬가지다. '공부를 잘하는 사람은 성격이 괴팍하다' 혹은 '도쿄대학 출신들은 대부분 강박증을 가지고 있다'

등이 대표적인데, 이것 역시 근거는 전혀 없다. 그런데 실제로 도쿄대학 출신을 만나 의기투합했을 때에는 이렇게 말한다. "당신은 도쿄대학을 나왔는데도 성격이 참 털털하시네요. 예외 중의 예외입니다." 참 쉽다.

아랍인은 이렇다, 북한 사람은 이렇다 등으로 단정해버리는 경우도 있다. 그들을 만나본 적이 전혀 없는 사람들도 그런 생각을 가지고 있다. 그리고 자신의 생각과 맞지 않는 사람이 있으면 스키마를 수정하는 것이 아니라, 예외로 취급해버리고 만다. 참 쉽게도 범하는 오류이다. 여기에는 누구도 예외일 수 없다. 따라서 누구나 주의해야 할 부분이다.

스키마에 의해 사물이나 상황을 단정하는 오류는 누구나 저지르기 쉽지만, 누구나 알아채기 쉬운 것은 아니다. 일반적으로 보수적인 성향을 가진 사람은 "당신 생각은 너무 낡았다"는 식의 지적을 자주 받게 되므로 스스로 스키마를 알아채기가 비교적 쉽다. 그러나 자신이 진보적이라고 믿는 사람들은 그렇지 못한 경우가 많다. 스스로 진보 혹은 개혁적이라고 생각하는 사람은 자신이 기존의 사고방식을 깨고 있다고 믿기 때문이다. 하지만 이런 믿음 역시 패턴이 되기 쉽다. 고정관념을 만든다는 말이다.

특히 30대 이후의 비즈니스맨에게는 유연한 사고가 필요하다. 스키마에 사로잡히는 일 없이, 오히려 예외적인 것에 주목할 필요가 있는 것이다. '세상 사람들은 이렇게 말하고 있지만 이런 예외도 있다'는 식의 생각을 늘 염두에 두고 사고하라.

성공까지 반성하라

본래 메타인지는 판단이나 행동을 하기 전에 이루어져야 하는 사고활동이지만, 행동을 한 후 반성을 위해 사용할 수도 있다. 크고 작은 실수와 실패는 늘 있기 마련이다. 이럴 때 그 원인을 파악하고 다음 기회에 반영할 수 있도록 준비해야 한다는 것은 말할 필요 없이 중요한 일이다.

반대로 성공했을 때의 원인도 분석해볼 필요가 있다. 공부를 하는 동안 '오늘은 유난히 집중이 잘 된다'고 느낀 적이 없는가? 그럴 때 '왜 공부가 잘된 걸까?'를 분석하는 사람은 정말 공부를 잘 해나갈 가능성이 높을 것이다. 그저 '내 머리가 좋아서'라고 생각하는 사람보다는 '지난 몇 달 동안 평소 부족했던 부분을 파고든 효과가 이제 나타나기 시작하는 거야' 등으로 분석하는 사람이 더 많은 성과를 올릴 수 있다. 이런 사람은 자격증 시험을 준비할 때도 '잘 못하는 분야에 들이는 노력을 최소한으로 줄이고 잘하는 분야에서 점수를 딴다'는 등의 전략을 세워 합격할 가능성을 높인다.

일반적으로 실패를 반성하는 경우는 많지만 성공까지 총괄하는 경우는 그다지 많지 않다. 성공했다는 사실만으로 자신감이 넘쳐 다음의 기회를 준비하지 않는 것이다. 작은 성공에도 원인을 객관적으로 분석하는 습관을 들여 다음 기회로 연결시켜야 한다. 일을 정말로 잘하는 사람은 자신이 왜 실패했는지는 물론이고 왜 성공을 했는지도 말할 수 있다.

03

상생하는 공부를 하고 있는가?

입시공부를 하는 사람들 가운데 친구들을 모두 라이벌로 생각해 혼자서 고독하게 공부하는 경우가 있는데, 실제로는 그런 식으로 공부하면 합격할 확률이 줄어들게 된다. 매년 도쿄대학에 많은 수의 합격자를 배출하는 고등학교들을 보면 그 까닭을 알 수 있다. 그런 학교에는 선후배나 친구들끼리 노하우를 공개하고 서로 북돋우어주는 전통이 있다. 덕분에 나도 상당한 도움을 받았다. 나의 경우는 이과였는데도 도쿄대학 문과에 합격하려면 사회과목에서는 '○○참고서를 읽어두는 것이 좋다'는 정보까지 들었다.

공부할 때, 특히 시험을 위한 공부를 할 때 가장 필요한 것은 정보다. 대학입시를 준비할 때 '이 참고서가 좋다'든가 '○○학원의 ××선생의 강의가 알아듣기 쉽다'는 등의 정보를 많이 가질수록 효율적으로 실력을 높일 수 있다. 게다가 출제경황에 대한 정보는 빨리 얻을수록 좋다.

이런 정보는 혼자 고독하게 공부하는 사람에게는 들려오지 않는다. 사람들과 어울려 별 뜻 없이 주고받는 일상대화 속에서 듣게 되는 것이다. 동료는 일할 때뿐 아니라 공부하는 데에도 필요하다. 정보교환도 하고 서로 격려해줄 수도 있다. 그리고 가능하다면 이미 그 시험에 합격했거나 자격증을 딴 사람에게 정보를 들어보는 것도 좋다.

공부를 통해 뭔가에 도전하려고 할 때, 특히 시험에 합격하려 할 때, 남보다 더 노력해야 한다는 건 당연하다. 하지만 그렇게 하더라도 정보 없이는 합격할 수 없는 경우도 있다. 시험에 합격하려면 무엇보다도 정보가 필요하고, 정보를 얻기 위해서는 동료들이 필요하다.

 ## 흉내에 창조를 더하라

생각해보면 세상에는 우리가 오해하고 있는 부분이 무척 많다. 창의력이나 독창성에 관해서도 그렇다. 보통 우리는 독창성 있는 사람은 어느 날 갑자기 떠오른 아이디어로 성공하게 된다고 생각하기 쉽다. 창의력이 뛰어나 예술 분야에 종사하는 사람이나 새로운 기획을 잘하는 사람들을 볼 때에도 그렇게 생각한다. 하지만 아무것도 공부하지 않는 사람이 어느 날 갑자기 아이디어를 만들어내

는 일은 없다. 천재라면 항상 먼저 거론되는 아인슈타인도 상대성 이론을 어느 순간 갑자기 생각해낸 것이 아니라 열심히 공부해 밝혀낸 것이다. 오히려 독창성 강한 사람일수록 기본을 충실하게 마스터한 경우가 많다. 음악이나 미술의 경우는 특히 그렇다.

게다가 무엇이 독창적인지 어떻게 알 수 있겠는가? 공부하지 않는다면 무엇이 독창적인지조차 판단하기 어렵다. 자신은 '획기적인 아이디어'라고 생각해도 이미 누군가가 시작한 것일 경우도 많다. 자유로운 발상을 현실화할 수 있는 인터넷 공간에서도 새로운 아이디어보다는 이미 누군가가 시작한 것을 시도하는 사람들이 많다. 공부하지 않으면, 일부에서는 이미 일반화된 것을 혼자만 '획기적인 것'이라고 믿는 웃지 못할 일이 벌어질 수도 있다.

비즈니스의 경우 이는 무척 심각한 문제가 될 수 있다. 단적인 예로, 누군가가 이미 특허를 취득한 것을 획기적이라고 생각해 꽤 큰 규모의 개발비를 들여 개발한 후에도 많은 액수의 특허료를 지불해야 한다면 어떨까? 늘 공부하면서 인터넷을 잘 활용하는 사람들은 놀라울 정도로 그런 정보를 자세히 알고 있다. 알려지지 않은 중소기업이 시작하고 있는 신규 사업 등에 대해서도 꿰고 있다. 진짜 독창성 있는 사업 아이템을 기획해내는 사람은 바로 이들이다.

물론 그렇다고 해서 다른 사람을 흉내 내는 것을 폄하할 수는 없다. 흉내라는 것을 인식하면서 흉내를 내면 되는 것이다. 성공한 비즈니스나 성공한 사람이 한 일을 따라한다면 자신도 성공할 확률이 높아진다. 단, 거기에 창의력을 더하는 게 중요하다.

인맥은 외부 하드디스크

어떤 일이든 그것에 대해 잘 아는 사람에게 물어보는 것이 제일 좋다. 잘 모르는 분야라 하더라도 그에 대한 지식을 가진 사람과 인맥이 있으면 물어볼 수 있다. 아무리 공부를 해도 한 사람이 가질 수 있는 지식에는 한계가 있으므로, 이런 경우 이른바 외부에 하드디스크를 가지고 있는 것이라고 할 수 있다.

외부 하드디스크는 정보수집뿐만 아니라 아이디어를 생산할 때도 도움이 된다. 젊은 사람이라면 중장년인 사람과, 중장년이라면 젊은 사람과 인맥을 만들어두면 아이디어의 폭은 그만큼 넓어진다.

일반적으로 중장년인 사람보다 젊은이가 더 발상이 풍부하다고 생각하지만, 반드시 그렇지는 않다. 지식이 풍부한 만큼 중장년인 사람 쪽이 사고의 폭이 더 넓다. 다만 젊은 사람은 사고의 폭은 좁을지라도 중장년층의 사고 폭을 벗어난 발상을 할 가능성이 있다. 그러므로 양자가 서로 이야기를 나누면 사고의 폭은 한층 더 넓어진다.

중장년층 가운데 젊은 사람의 의견을 들으려는 사람은 적지 않지만 나이든 사람의 의견을 들으려는 젊은 사람은 별로 없다. 20대의 경우는 더욱 그렇다. 하지만 30대라면 더 나이 많은 사람들의 이야기에 귀를 기울여야 한다는 것을 조금씩 느끼고 있을 것이다. 사고의 폭이 더 넓고 여러 상황을 고려할 줄 아는 나이 많은 사람의 말에 귀를 기울이면 다른 젊은이들과는 다른 발상을 할 수 있게 된다.

외부에 하드디스크를 가지려 할 경우, 폭넓은 인맥이 도움이 된다. 어떤 분야에 전문 지식을 가진 사람들뿐만 아니라, 동연배인 사람들, 연령이 높은 베테랑이나 자기보다 어린 사람들과도 인맥을 쌓아두는 것이 좋다. 물론 이성 인맥도 중요하다. 그들과의 대화를 통해 보다 좋은 아이디어가 태어난다. 폭넓은 외부 하드디스크가 비즈니스에 도움을 주는 경우는 많다.

 ## 자신을 드러내는 법

때론 사람의 심리는 매우 단순하다. 보통 자기를 좋아하는 사람을 좋아하게 된다. 이성과의 교재는 다른 문제이겠지만, 상사와 부하같은 일반적인 인간관계에서는 내가 상대를 좋아하면 관계를 좋게 만들 수 있다.

직장에서 맘에 드는 부하직원을 만나면 상사는 보살펴주고 싶다는 생각을 하게 된다. 그래서 그 부하직원을 눈여겨보게 되고, 그러면 그도 그 상사를 좋아하게 된다.

인간관계에서는 내가 먼저 주지 않으면 받을 수가 없다. 주고 받는다는 말이 그저 나온 게 아니다. 이것은 영어에서도 마찬가지다 (give & take). 따라서 우선 필요한 것은 상대의 기분에 공감하고 상대를 이해하며 좋아하는 것이다.

자신을 드러내는 것도 상대와 사이가 좋아지는 방법 중 하나이다. 비밀을 털어놓는다면 상대방은 자신이 신뢰받고 있다고 느껴

친밀하게 대하게 된다. 그러면 둘 사이가 좋아질 가능성이 높다. 항상 거드름을 피워 부하로부터 미움을 받은 상사가, "실은 아이가 등교를 거부해서 고민중이다"라는 말을 한 순간 주변의 눈이 바뀌어 커뮤니케이션이 좋아진 예도 있다.

무턱대고 자신의 비밀을 다 이야기할 필요는 없지만 신뢰할 만한 사람에게는 자신을 드러내 보이면 더욱 관계가 좋아질 수 있다. 커뮤니케이션을 잘하는 것도 비즈니스맨에게 있어서는 중요한 스킬이라고 할 것이다.

4장 · 와다의 어드바이스　　　　'공부를 잘하는 사람'이 되는 방법

+ 메타인지를 단련시켜 모처럼 지니게 된 지식과 추론력을 쓸모 있게 만들어라.

+ 공부나 일에서 스피드를 가지기 위해서는 스키마를 만들어라.

+ 스키마가 생겼다면 이번에는 그에 얽매이지 않도록 항상 자신을 체크해야 한다.

+ 실패한 요인뿐만 아니라 성공한 요인까지 객관적으로 분석하라.

+ 잘하는 사람에게 물어보고 배워라. 그리고 따라하고 창의력을 더하라.

의욕이 생기지 않을 때
대처법

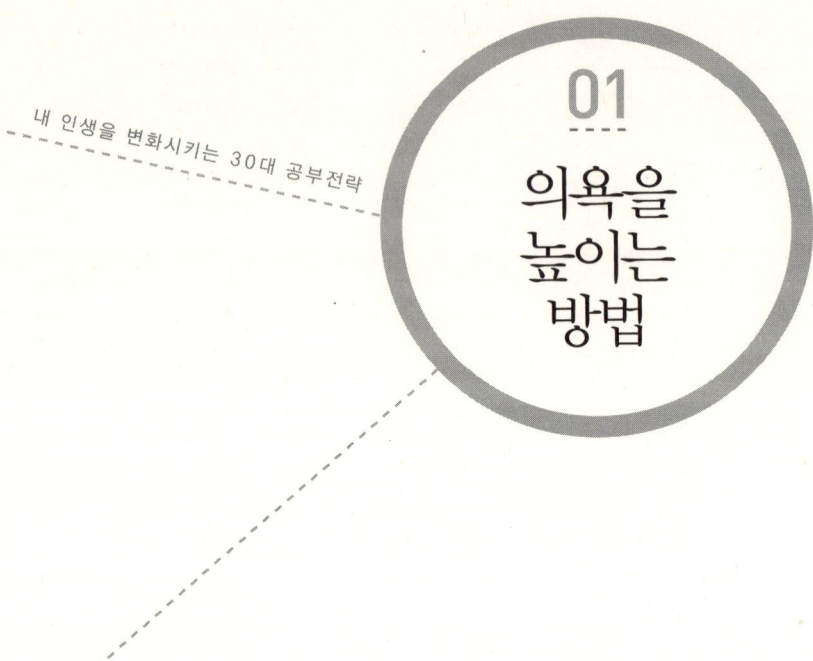

01

의욕을
높이는
방법

날마다 의욕에 넘치는 사람이 되고 싶지만, 실제로는 그러기가 힘
들다. 별 이유 없이 의욕이 떨어져 만사가 귀찮아지는 날도 있다.
또 해야 할 일을 눈앞에 두고도 의욕 없이 보고만 있는 경우도 있
다. 이럴 때 의욕을 높이기 위해서는 인간의 동기 시스템을 알아
두는 것이 좋다.

대표적인 정신분석가들은 이에 대해 몇 가지 이론을 내놓고 있
다. 프로이트는 동기의 근본을 '성욕'으로 보고 하인즈 코헛(Heinz
Kohut)은 '자기애'로 보고 있다. 애이브러햄 매슬로(Abraham H.
Maslow)처럼 식욕 같은 하위 욕구가 채워지지 않으면 자기애 같은
상위 욕구가 동기화되지 않는다고 말하는 사람도 있다. 누구의 이
론이 옳은지는 말할 수 없지만 자신에게 맞는 이론이 무엇인지는

알 수 있다. 타당하다고 생각하는 것을 골라 참고로 삼으면 되겠다.

당근과 채찍 역시 의욕을 높이는 방법이 된다. 하지만 이를 사용하는 데에는 요령이 필요하다. 잘못 사용할 경우 오히려 역효과가 날 수 있다.

성취할 수 있는 작은 목표를 만드는 것도 한 방법이다. 또 실패에 적절히 대응하고 자기 암시로 스스로를 북돋우는 것도 좋은 방법이다. 이번 장에서는 이처럼 의욕을 높이는 다양한 방법에 대해 알아보자.

 ## 당근과 채찍이 필요한가?

동기에는 내적 동기와 외적 동기가 있다고 한다. 내적 동기란, 쉽게 말해 '좋으니까' 하는 것이다. 남의 말을 듣지 않아도 자발적으로 내부에서 샘솟는 동기다. 그에 비해 외적 동기란, '보상을 받으니까' 혹은 '혼이 나니까' 하는 경우처럼 외부에서 주어지는 자극에 의해 나오는 동기다. 요컨대, 일을 하는 데 당근과 채찍이 필요한 경우가 외적 동기다.

원숭이 실험으로 유명한 해리 할로(Harry Halow)는 실험을 통해 내적 동기가 있는 사람에게는 함부로 외적인 보상이나 벌은 주지 않는 편이 좋다고 주장하기도 했다. 한때 이 '내적 동기 이론'에 상당한 기대가 모아져 1960년대의 미국 교육은 이 실험이론에 기초하여 구축되었다. 자발성을 최대한 보장하기 위해 선택과목을 늘리고 공부하고 싶은 과목만을 듣는 카페테리아 방식이 채용되었고, 학교 내의 복장도 완전히 자유롭게 하였다. 그런데 그 결과 미국에서는 심각한 학력저하가 일어나고 말았다.

왜 그렇게 되었을까? 원인을 분석해본 결과, 내적 동기를 가진 사람은 적고 대부분의 사람은 상벌을 주지 않으면 할 마음이 생기지 않는 외적 동기를 가졌기 때문이라는 결론에 이르렀다.

만약 당신이 자발적으로 공부하는 극소수에 속하는 사람이라면 특별한 보상은 필요 없겠지만, 만약 당근과 채찍이 필요한 대다수에 속한다면 약간의 보상이나 페널티를 준비해두는 편이 좋다. 이때 시작 시점에서는 보상을 준비해두는 것이 좋은데, 공부를 하다가 보면 재미있어지기도 하기 때문이다.

 ## 목표 달성을 돕는 선물 효과

일반적으로 채찍보다는 당근이 효과적이다. 페널티를 주는 것도 나쁘지 않지만 가능하다면 보상을 주된 동기로 삼는 편이 좋다. 어차피 할 것이라면 즐겁게 하는 것이 좋다. '이 자격증을 따지 못하면 명예퇴직을 당하고 말 것이다'는 식의 페널티보다는 '합격하면 자동차를 새로 바꾼다'거나 '2주일간 휴가를 얻어 해외여행을 간다'는 등의 보상을 준비하는 것이 좋다. 어찌되었든 합격한 이후의 즐거움을 가지고 있어야 하기 때문이다.

다만, 너무 먼 보상이라면 효과는 줄어들 수 있다. 2년 후에 이 자격증을 취득하면 해외여행에 간다고 해도 2년이라는 먼 훗날의 보상은 그다지 의욕이 솟아나게 만들지 않는다. 조금 더 가까운 미래에 당근을 준비해두는 것이 좋다.

동물을 길들일 때도 그러한데, 칭찬할 만한 일을 했을 때에는 바로 당근을 주고 실패를 했을 때는 바로 벌을 주지 않으면 제대로 길들여지기가 힘들다. 며칠간 계속 잘했는데 일주일 후에 사탕을 주는 식으로 동물을 길들이는 방식은 별 효과가 없다. 장기적인 보상을 준비하는 것과 동시에 작은 단위의 단계마다 작은 보상을 준비하는 것이 더 효과적이다.

이번 주에 여기까지 공부하면 좋아하는 술을 마신다든가, 다음 시험에서 80점을 맞으면 원했던 DVD를 산다는 등의 작은 보상을 만들어두는 편이 모티베이션을 지속하기가 쉽다. 작은 목표를 만들어 작은 보상을 해주는 것이 포인트라고 할 수 있다.

 ## 당근만으로는 부족하다

모든 것이 풍족한 시대를 살고 있는 우리 가운데는 당근에 익숙해져 있는 사람도 많다. 예컨대, 어렸을 때부터 부모가 무엇이든지 잘 사주었던 사람들은 당근에 익숙할 수 있다. 시험에서 좋은 점수를 받으면 게임기를 선물로 받았거나 입시시험에 합격했을 때 차나 해외여행 같은 선물을 받은 사람은 여간해서는 보상으로 느끼지 않을지도 모른다. 이런 경우 당근만으로는 동기를 얻기 어렵다.

오히려 꾸중이나 페널티가 동기를 만들게 된다.

이처럼 사람에 따라서는 당근보다는 채찍으로 동기가 부여되는 경우가 많으므로, 자신이 어떤 타입인지를 잘 살펴서 자신에게 맞는 쪽을 골라야 할 것이다.

채찍으로 동기가 만들어지는 사람은 일부러라도 자신에게 패널티를 부과하는 편이 좋다. '다음 테스트에서 80점을 받지 못하면 1개월 동안은 데이트를 하지 못한다!'라고 선언한다고 하자. 1개월이나 데이트를 하지 못한다는 것은 자신만의 문제가 아니다. 상대방에게도 이것은 벌이 될 수 있다. 따라서 상대에게 차이고 싶지 않아서라도 필사적으로 공부해 다음 테스트에서 목표점수를 따는 수밖에 없다.

친구 가운데 쓴소리를 잘하는 사람이 있다면 일부러라도 그를 찾아가 "올해 안에 반드시 자격증을 딴다!"라고 선언하는 것도 좋다. 만약 자격증을 따지 못하면 무슨 말을 들을지 모른다. 그것이 싫다면 열심히 공부해서 올해 안에 합격을 할 수밖에 없다.

이처럼 엄격한 페널티를 스스로에게 부과하는 것 역시 효과적이다.

02

의욕을
떨어뜨리는
요인

의욕이 넘치는 사람이 되기 위해 의욕을 떨어뜨리는 요인을 찾아 없애는 것도 중요하다. 만사가 귀찮아지는 날도 따지고 보면 이유가 있다.

몸의 컨디션이 좋지 않거나 패배감에 휩싸였거나, 그게 아니면 슬럼프에 빠졌을 수도 있다. 정서적인 불안이나 부정적인 사고 역시 의욕을 떨어뜨린다.

당근과 채찍으로 모처럼 고양된 의욕이 이런 요인들에 의해 꺾이도록 내버려둘 수는 없다. 이제 의욕을 떨어뜨리는 요인들을 하나하나 찾아 대처하는 방법을 알아보자.

 **원인을 어디에 둘 것인가?**

잘해 나가고 있을 때나 잘하지 못하고 있을 때나 '원인이 무엇인지'를 객관적으로 파악하는 일이 중요하다는 것은 이미 언급한 바 있다. 여기에 덧붙여 '원인을 어디에 둘 것인가'도 따져봐야 할 중요한 문제이다. 그에 따라 의욕이 생길 수도 있지만, 자칫하면 한풀 꺾어놓기 십상이기 때문이다.

'원인을 어디에 둘 것인가'라는 문제는 사고방식과도 관련된다. 원인에는 외적인 것과 내적인 것이 있고, 바꿀 수 있는 것과 바꿀 수 없는 것이 있다. 따라서 원인을 파악할 때 자신이 어디에서 원인을 찾는지 살펴봐야 할 것이다.

외적인 것인데 자신의 힘으로는 바꿀 수 없는 것은 운이다. 순조롭게 진행되다가 갑자기 어떤 사정이 생겨 일이 잘 안 되는 경우도 있다. 이럴 때는 운이 나빴다고 생각할 수도 있다.

반면, 외적인 것인데 바꿀 수 있는 것은 '과제'다. 실패의 원인이 자신에게 너무 어려운 과제이기 때문일 수도 있다는 말이다. 사법시험을 목표로 했는데 몇 번이나 계속해서 떨어진다면 과제의 레벨이 너무 높지 않았나를 살펴봐야 한다. 이 경우 사법시험이 아니라 법무사 시험에 도전하는 것도 방법이다. 과제의 레벨을 낮추는 것이다.

내적인 것으로 바꿀 수 없는 것은 소질이다. 선천적으로 가지고 태어난 소질은 바꿀 수가 없다. 반면, 내적인 것으로 바꿀 수 있는 것은 '노력'과 그 '방식'이다. 자신의 방식이 틀렸을지도 모른다는

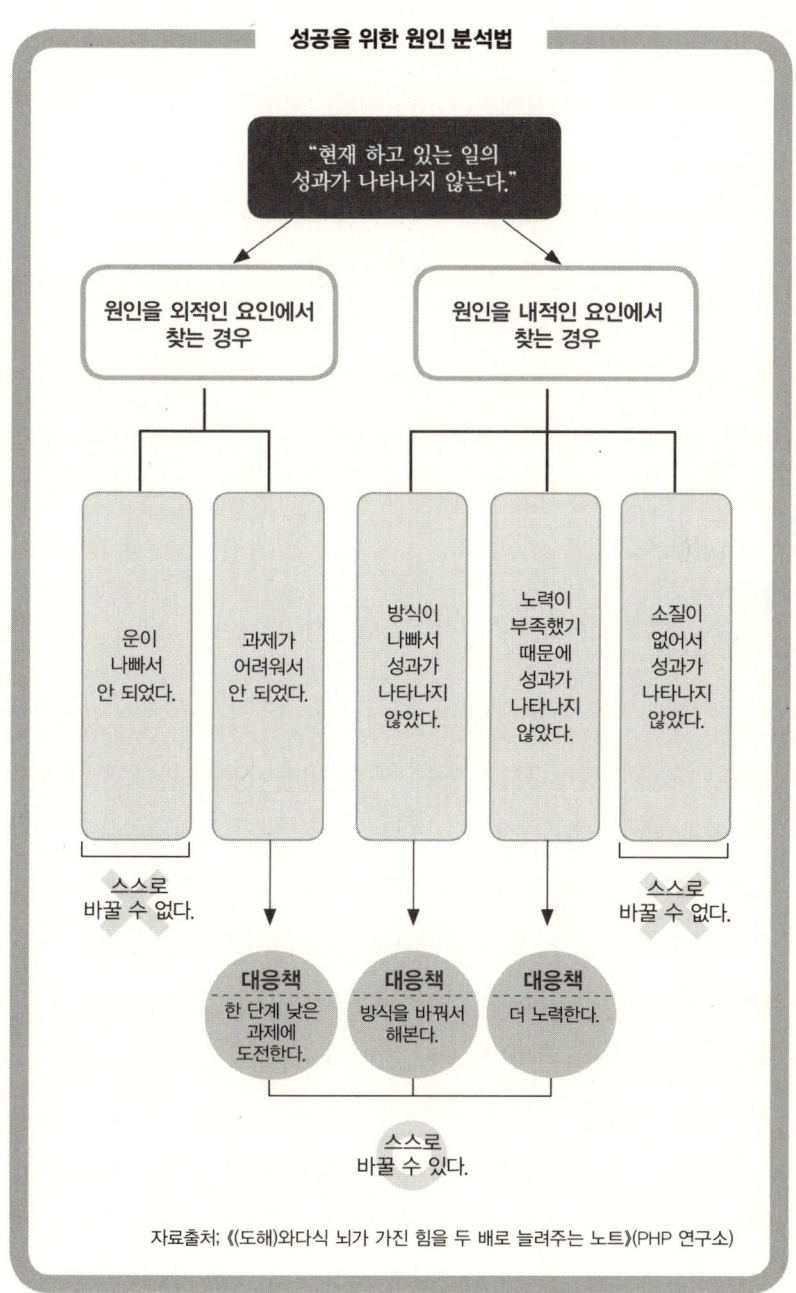

성공을 위한 원인 분석법

"현재 하고 있는 일의
성과가 나타나지 않는다."

원인을 외적인 요인에서
찾는 경우

원인을 내적인 요인에서
찾는 경우

운이
나빠서
안 되었다.

과제가
어려워서
안 되었다.

방식이
나빠서
성과가
나타나지
않았다.

노력이
부족했기
때문에
성과가
나타나지
않았다.

소질이
없어서
성과가
나타나지
않았다.

스스로
바꿀 수 없다.

스스로
바꿀 수 없다.

대응책
한 단계 낮은
과제에
도전한다.

대응책
방식을 바꿔서
해본다.

대응책
더 노력한다.

스스로
바꿀 수 있다.

자료출처; 《(도해)와다식 뇌가 가진 힘을 두 배로 늘려주는 노트》(PHP 연구소)

생각이 들면 일하는 방식을 바꿔보는 것이 좋다. 소질이 뛰어나지는 않지만 일하는 방식에 따라 성공하는 경우는 얼마든지 있다.

　가장 나쁜 경우는 원인을 운이나 소질에서 찾는 것이다. 실패나 성공을 운이나 소질 탓으로 돌리면 대책을 세울 수가 없다. 게다가 더는 노력하지 않게 된다. 바꿀 수 없는 것에 원인을 두어서는 안 되는 까닭이 바로 여기에 있다.

　하지만 바꿀 수 있는 것에서 원인을 찾는다 해도, 과제의 레벨을 계속해서 낮추면 타협주의에 빠질 가능성도 있으므로 주의해야 한다.

 ## 슬럼프를 이기는 수비형 공부

공부를 하다 보면 슬럼프에 빠질 때도 있다. 열심히 책을 읽고 있었는데 내용이 정리되지 않거나 무슨 내용이었는지 아예 생각이 나지 않을 때도 있다.

이럴 때에는 무리하게 새로운 것을 하려고 하지 말고 '잘할 수 있는 것을 한다'는 것이 철칙이다. 요컨대, 새로운 공부가 아니라 지금까지 해온 내용을 복습하는 것이다. 복습하는 동안 기초가 튼튼해지고 기분도 서서히 안정이 될 것이다.

　자신감을 잃었을 때도 마찬가지다. 늘 의욕이 넘칠 수 없듯이 늘 자신 있기도 힘들다. 갑자기 자신감이 없어질 때는 잘하는 분야를 다시 공부하는 것이 효과적이다. 잘하는 과목에서 '잘할 수 있다'는 경험을 가지게 되면 자신감을 되찾을 가능성이 높아진다.

슬럼프에는 육체적인 슬럼프와 정신적인 슬럼프가 있는데, 앞에서 언급한 경우는 정신적 슬럼프에 해당된다. 정신적인 슬럼프가 반복되면 심각한 경우 우울증일 가능성도 있다. 우울증이 의심되는 경우에는 이제 슬럼프가 아니라 병이므로 전문의의 진단을 받아야 한다.

하지만 가벼운 우울 증상이 있을 때에는 앞서 말했듯이 잘하는 분야를 공부함으로써 자신감을 되찾거나 복습을 하면 된다. 가벼운 상태라 해도 우울한 기분이 들 때에는 스스로를 책망하기 쉽기 때문에, 이때 복습을 하면 자신의 허점을 발견하기가 쉬워진다. 따라서 복습으로 허점을 채우기에는 최고의 타이밍이라고 생각할 수도 있다.

반면 육체적 슬럼프의 경우 대부분은 수면부족이나 몸의 피로 때문이기 쉽다. 또는 머리가 피로해졌을 수도 있다. 그럴 때는 모든 걸 중단하고 쉬거나 노는 것이 상책이다. 슬럼프라고 생각되어도 다른 방법을 찾는 것보다는 일단 쉬어서 기분전환을 하는 것이 좋다. 이 경우 피로가 풀리면 슬럼프에서 탈출할 수 있다.

 **불안에 대처하는 모리타 요법**

대학 입시를 앞둔 수험생 중에 불안함을 떨치기 위해 상담하러오는 경우가 더러 있다. 그들은 대부분 떨어질 것을 생각하면 불안해서 견딜 수가 없다고 말한다.

수험생이 불안해하는 것은 어쩌면 당연하다고 하겠다. 하지만 대학 입시를 눈앞에 두고 불안해서 공부가 손에 잡히지 않는다면 수험생으로서는 절실한 문제일 것이다.

그러나 불안이라는 것은 누구라도 가질 수 있는 자연스러운 감정이다. 그 자체가 나쁜 것은 아니다. 문제는 불안에 사로잡혀서 해야 할 일을 할 수 없게 되는 것이다.

시험을 준비하고 있는 경우라면 더욱 문제가 될 수 있다. 떨어질지도 모른다는 불안 때문에 공부가 손에 잡히지 않으면 떨어질 확률은 더욱 높아지고, 그 때문에 불안감은 점점 더해간다. 하지만 불안은 있어도 제대로 공부하고 있다면 아무런 문제가 없다.

불안한 상태에서도 할 일을 제대로 한다는 것은 불가능하다고 생각하겠지만, 그렇지 않다. 불안에 대처하는 심리요법 중 모리타 요법이라는 것이 있는데, 이에 따르면 가능하다.

모리타 요법이란 감정은 컨트롤할 수 없으므로 그대로 두고 행동을 컨트롤하자는 것이다. '떨어질까 봐 불안하다'는 감정 자체는 통제 불가능하다.

하지만 '합격하고 싶다'는 목적을 강조해 행동을 컨트롤할 수는 있다. 즉, 떨어진다는 불안감이 있어도 그것을 있는 그대로 인정한 후 목적을 달성하기 위한 공부라는 행동만은 제대로 해야 한다는 것이다.

부정적인 자동사고 대처법

고정관념을 불러오는 스키마보다 어떤 의미에서 더 고질적인 것이 '부정적인 자동사고'다. 자동사고란 어떤 일이 생겼을 때 즉각적으로 일어나는 생각을 말한다. 예컨대, 갑자기 부장에게서 호출을 받았을 때, '뭔가 혼날 일이 있는 걸까?'라거나 '내가 해고자 명단에 오른 건 아닐까?'와 같은 생각이 거의 자동적으로 떠오르는 것을 가리킨다. 특히 이처럼 부정적인 자동사고의 경우는 대부분이 근거 없는 것임에도 생각이 저절로 향하게 되고 나아가 굳게 믿어 버리게 된다.

'이과인 사람은 머리가 좋다'라거나 '발이 닳도록 드나들어야 영업 성적이 오른다'는 등의 고정관념을 만드는 스키마의 경우, 과거의 교육이나 인생경험에서 만들어진 것으로 객관적이라고는 할 수 없어도 어느 정도는 근거를 가진다. 그러나 자동사고는 그렇지 않다. '부장님이 호출을 하셨으므로 해고 이야기가 나올 것이 뻔하다'는 것처럼 대부분 근거가 없는 망상에 가까운 경우가 많다. 스키마가 대부분 적응적인 발상법인 반면 자동사고는 비적응적 망상이 되기가 쉬운 것이다.

자동사고에 빠지고 일단 그것이 자신의 힘으로 감당할 수 없게 되면 그 외의 가능성은 전혀 생각할 수 없게 된다. 굳건한 부정적인 사고가 형성되어 떨치고 싶어도 떨칠 수가 없게 되는 것이다.

여기에 대응할 수 있는 것이 인지요법이다. 인지요법에서는 자신의 생각이 몇 퍼센트의 확신에서 비롯되었는지를 따져 나간다. 처음에는 100%의 확신을 가졌다고 해도 '100% 확신의 근거는 무엇인가?' 혹은 '정말로 이외에는 가능성은 없는가?'를 따지는 동안 '어쩌면 90% 정도일지도 모른다'라고 생각이 변한다.

예컨대, 앞에서 예를 든 상황에서 90%의 확신을 가지고 '부장님이 호출하셨으니 해고가 될 것'이라고 생각했다면 나머지 10%는 '부장님에게 불려가도 해고당하지 않을 가능성도 있을 것'이라는 점을 상기시킨다. 이런 과정이 반복되면 근거 없는 부정적인 확신이나 부정적인 자동사고를 풀어나갈 수 있다.

자동사고에 빠져 있을 때는 혼자 힘으로만 수정하려 하기보다는 전문가의 도움을 받는 것이 좋다. 만약 스스로 개선을 해보려 한다면 현재 생각하고 있는 비관적인 시나리오가 실제로 일어날 확률이 몇 퍼센트일지, 그 외의 일이 일어날 가능성은 없는지를 생각해보면 좋을 것이다. 1%라도 다른 가능성을 생각할 수 있다면 그곳에서 비관적인 확신을 무너뜨릴 가능성도 보게 된다.

자동사고를 교정하는 또 다른 방법으로 자신의 감정 상태와 당시 떠오르는 생각들을 기록하는 DTR(Dysfunctional Thoughts Record, 비적응적인 사고의 기록)를 권한다. 자동사고에 빠졌다고 느꼈을 때에는 일단 바로 써내려간다. 그리고 나중에 그것을 보면서 자신의 사고 패턴이 얼마나 감정에 좌우되고 있는지를 살펴보면서 수정해 나가는 것이다. 자신을 모니터링할 때 상당히 유용한 방법이므로 꼭 시험해보길 바란다.

자동사고를 교정하는 DTR

▼ DTR(비적응적인 사고의 기록)의 예

상황 | 상황을 간단하게 기록한다.

부장님에게 호출당한다.

감정 | 0~100% 사이로 평가한다.

우울함·······························60%
불안·······························50%

자동사고 | 자동사고에 의한 확신이 어느 정도 확률로 일어날지 계산해본다.

혼날 것이 틀림없다.·····················90%
명예퇴직을 당할 것이다.··················70%
부장은 나를 싫어하고 있다.················50%
이후에는 평생 가난하게 산다.··············40%
부장은 남 탓을 잘한다.··················40%

자료출처 : 《어른을 위한 공부법》(PHP연구소)

03

성공으로 가는
모티베이션
관리 기술

당신은 무엇을 위해 공부하는가? 전문지식을 얻기 위해, 자격증을 따기 위해, 직장에서 인정받기 위해, 그리고 앞의 이유들을 모두 포함하는 '성공'을 위해 공부할 것이다.

하지만 성공하기란 쉽지 않다. 안타깝게도 공부하는 데 실패하기 때문이다. 성공을 위해 공부하면서, 공부에서 실패해서는 안 될 일이다.

지금 우리는 공부하는 데 성공하기 위해 여러 방법들을 알아보고 있다. 기억을 잘하는 방법이나 사고하는 방법, 스스로를 객관적으로 돌아보고 체크하는 방법 등에 대해 이야기했다. 그리고 이 장에서는 의욕을 높이는 방법에 대해 알아보고 있다. 또 앞으로 시간관리법이나 정보를 수집하고 활용하는 기술에 대해서도 알아볼 것이다.

하지만 이들 방법들을 유효하게 만드는 것은 당신이 '얼마나 강한 모티베이션을 가지고 있느냐'에 달려 있다.

성공은 강한 모티베이션이 된다. 그렇다고 해도 이를 유지하고 고양시키는 데에도 기술이 필요하다. 즉, 동기 부여에도 처방이 필요하다는 말이다.

 ## 동기를 불러오는 성공체험

공부를 좋아하게 되려면 작은 것이라도 좋으니 성공체험을 쌓는 것이 필요하다. 아이의 경우는 특히 그러한데, 좋아하지 않았던 과목이라도 시험에서 100점을 맞은 것이 계기가 되어 좋아하게 되는 일이 많다. 아버지나 어머니에게서 칭찬이라도 받으면 더욱 칭찬받고 싶어 공부를 하게 되고, 나중에는 정말로 그 과목을 잘하게 된다.

내가 수험생들을 지도할 때는 어쨌든 좋은 점수를 받는 것이 중요하다고 강조한다. 정확한 답을 모를 때에는 찍기라도 해야 한다. 또 좋아하지 않는 과목이라도 열심히 해 좋은 점수를 받아야 한다. 게임에서 좋은 점수를 받으면 즐거워져 더 높은 점수를 받고 싶어지는 것과 같은 심리가 작용하기 때문이다.

실패를 계속하면 자신감을 잃어버리기 십상이다. 작은 일이라도 좋으니 여러 번 성공하는 것이 좋은 까닭이 여기에 있다. 물론 그러기 위해서는 요령 있게 공부하는 방식을 연구해야 한다. 노력만으로는 갑자기 좋은 점수를 받을 수는 없기 때문이다.

심리학에서 피그말리온 효과라고 부르는 게 있는데, 이것은 상대방이 기대하면 정말로 발전하게 되는 현상을 가리키는 말이다.

피그말리온 효과를 잘 보여주는 실험이 있다. 레벨이 비슷한 40명의 학생들을 무작위로 2개의 그룹으로 나눈 다음 그 아이들을 가르칠 선생님에게 한쪽은 테스트 결과 잠재력이 높은 아이들을 모은 그룹이고, 다른 한쪽은 그렇지 않은 아이들을 모아둔 그룹이라고 말한다. 그리고 일정 기간이 지난 다음 이 두 그룹의 학생들을 테스트해본다.

결과가 어떨 것이라고 짐작하는가? 우리 예상처럼 선생님에게 잠재력이 있다고 말해준 그룹의 성적이 정말로 향상된다. 잠재력이 높으므로 반드시 발전할 것이라는 선생님의 기대가 아이들의 발전을 가져온 것이다.

물론 잠재력이 높다는 말을 들은 선생님이 더 열심히 가르쳤을지도 모른다. 또 아이들이 선생님으로부터 "너희는 공부를 잘할 수 있다"라는 말을 듣고 암시에 걸려 발전했을 수도 있다. 반대로 잠재력이 높지 않다는 말을 들은 그룹에 대해서는 선생님이 은연중에 '어차피 소질 없는 아이들이니 열심히 가르쳐도 별 소용이 없을 것이다'라고 생각했을지도 모른다.

어찌되었건 선생님의 기대가 좋은 성과를 이끌어냈다는 것만은 사실이다. 따라서 피그말리온 효과를 만드려면 우선 '나는 할 수 있다'라고 믿어야 한다. 자신의 기대 역시 피그말리온 효과를 불러올 수 있다. 또 주위 사람들에게 자신을 공부 잘할 수 있는 사람, 머리 좋은 사람, 이 분야를 잘 알고 있는 사람이라는 인식을 심어두어야 한다.

기대가 성과를 낳는 이유는 간단하다. 예컨대, 동료들이 '이 분야는 A가 전문'이라고 생각하게 되면, 그에 관계된 일이 생겼을 때 A에게 의견을 물을 것이다. "이 문제에 대해 어떻게 생각해?" 그러면 A는 그 기대에 부응하는 대답을 해야 한다. 그것은 A에게 상당한 자부심인 동시에 부담이 된다. 이것으로 A에게는 공부에 대한 외적인 동기가 성립되는 것이다. 대답을 잘하기 위해서라도 그 분야에 관해서는 더욱 공부하게 된다는 말이다.

좋은 이미지를 만들어 그것을 동기로 삼는 것은 작은 것이라 해도 성공에 이르는 훌륭한 계기가 된다. 원래는 실력이 높지 않았더라도 주위 사람들의 기대를 받게 되면 그만큼 성장할 찬스가 늘어나는 것이다.

 ## 의욕을 만드는 인간관계

사람은 누구나 주위의 영향을 받는다. 아무리 독자노선을 고집하는 사람이라고 해도 반드시 무언가의 영향을 받고 있다. 주위에 재미있는 사람들이 많다면 재미있는 발상을 떠올리기가 쉽고, 열심히 공부하는 사람이 많으면 자신도 열심히 공부하지 않으면 안 된다는 마음을 가지게 된다.

전형적인 예가 리쿠르트와 같은 회사이다. 리쿠르트에 근무한 사람 가운데에는 유독 독립하는 사람들이 많다. 이러한 경향은 근무하는 모든 사람들에게 영향을 주는 환경을 만든다. 그곳에 근무하는 동안 자신도 모르는 사이에 독립할 만큼의 실력을 갖추지 않으면 안 된다는 생각을 가지게 되는 것이다. 그리고 그만큼 공부도 해야만 한다. 실제로 독립하게 될지는 차치하고 공부를 열심히 해서 실력을 쌓지 않으면 안 된다고 마음먹게 된다.

공무원도 마찬가지일 것이다. 공부를 열심히 하는 관료가 많으므로 '나도 공부를 해야만 한다'라는 마음이 생기게 된다. 연구원들이 많은 회사에 들어가면 자신도 열심히 연구를 거듭하게 되는 것도 같은 이치다.

인간은 혼자서는 좀처럼 모티베이션을 지속할 수가 없다. 그래서 환경을 잘 이용하는 것이 중요하다. 전직할 회사를 고를 때에는 사원 모두가 열심히 스킬을 향상하도록 고무하는 회사를 고르거나, 공부를 좋아하는 사람이 많을 것 같은 회사나 연구자가 많은 회사를 고르는 것도 방법이다.

자격증을 따려는 경우에는 죽을 각오로 공부하는 사람들이 많은 학원에 다녀 자신을 자극받기 쉬운 환경 속에 놓이게 하는 것도 좋다.

환경을 고르고 환경의 힘을 이용하는 것도 중요한 모티베이션 매니지먼트의 한 방법이다.

📚 모티베이션 관리 기술 26

모티베이션을 높이는 방법으로 '히데키 와다 인스티튜트' 연구 스태프가 개발한 '3개의 법칙, 9개의 원리, 26개의 기술'이라는 것이 있다. 이 가운데 '3개의 법칙'이란 희망의 법칙, 충실의 법칙, 관계의 법칙이다.

'희망의 법칙'은 다음 세 상태를 유지하는 것이다.

1. 노력하면 발전한다.
2. 충분히 할 수 있다.
3. 무엇을 어떻게 하면 좋을지 알고 있다.

구체적인 방법으로는 '조금씩 성적이 향상되고 있다. 하면 된다!'는 자기 피드백을 반복하거나, 달성 가능한 목표를 설정하고 하는 방식을 명확하게 하는 등이 있다.

'충실의 법칙'은 다음 세 상태를 유지하는 것이다.

4. 재미있다. 확실히 성장하고 있다.
5. 스스로 정한 일이기 때문에 열심히 한다.
6. 기대를 받고 있다.

구체적인 방법은 피그말리온 효과(136페이지 참조)를 얻을 수 있도록 다른 사람들이 자신에게 기대를 갖게 하거나, Being 목표와

모티베이션 매니지먼트의 전체 구조

3개의 법칙   9개의 원리   26개의 기술

희망의 법칙

①노력하면 발전한다.

  1) 명확한 피드백을 반복한다.
  2) 피드백의 TPO를 생각한다.

②충분히 할 수 있다.

  3) 달성 가능한 목표를 설정한다.
  4) 하위목표를 설정하도록 연구한다.
  5) 마음이 편안해지도록 원인을 해석한다.

③무엇을 어떻게 하면 좋을지 알고 있다.

  6) 견본을 눈에 보이는 형태로 보여준다.
  7) 자신이 사용하는 방책을 자각시킨다.

충실의 법칙

④재미있다. 확실히 성장하고 있다.

  8) 재미를 발견한다.
  9) 성장을 실감할 수 있는 목표를 설정한다.
  10) Being 목표와 Become 목표를 동시에 가진다.

⑤스스로 정한 일이기 때문에 열심히 한다.

  11) 의사결정에 참여하고 기획한다.
  12) 적극적인 부하를 서툴게 칭찬하지 않는다.
  13) 컨디션이 좋을 때는 흐름에 맡겨라.

⑥기대를 받고 있다.

  14) 남보다 뛰어나다고 생각한다.
  15) 피그말리온 효과를 이용한다.
  16) 기대받고 있기 때문에 꾸지람을 듣는다는 생각이
     들도록 혼을 낸다.
  17) 공헌을 하면 책임감을 부여한다.

140

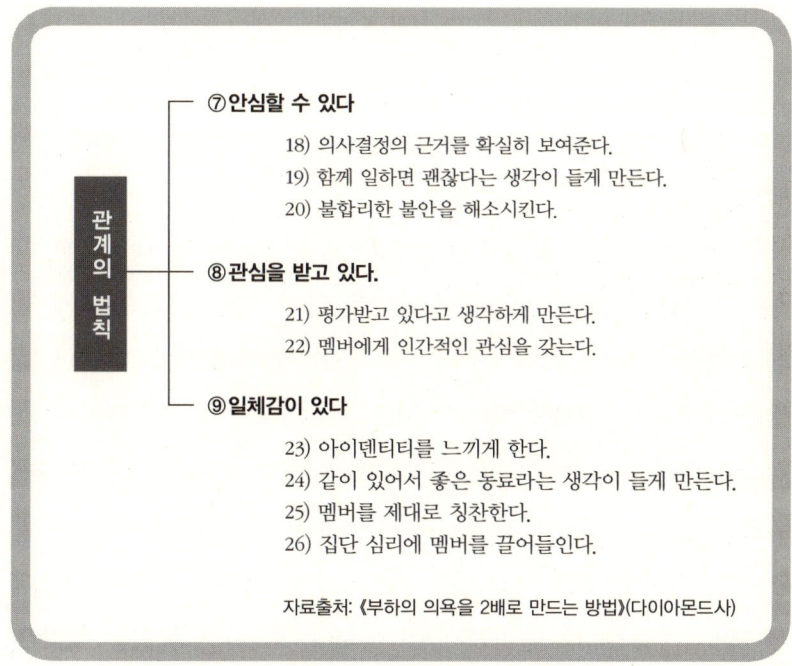

ㄱ 관계의 법칙

⑦안심할 수 있다

18) 의사결정의 근거를 확실히 보여준다.
19) 함께 일하면 괜찮다는 생각이 들게 만든다.
20) 불합리한 불안을 해소시킨다.

⑧관심을 받고 있다.

21) 평가받고 있다고 생각하게 만든다.
22) 멤버에게 인간적인 관심을 갖는다.

⑨일체감이 있다

23) 아이덴티티를 느끼게 한다.
24) 같이 있어서 좋은 동료라는 생각이 들게 만든다.
25) 멤버를 제대로 칭찬한다.
26) 집단 심리에 멤버를 끌어들인다.

자료출처: 《부하의 의욕을 2배로 만드는 방법》(다이아몬드사)

Become 목표를 동시에 갖는 것이다. Being 목표란 '계속 발전하면 좋겠다'라든가 자신이 '친절한 사람이었으면 좋겠다'는 등의 목표이고, Become 목표란 '변호사가 되고 싶다' 혹은 '사장이 되고 싶다'는 등의 목표다. 이들 목표를 동시에 갖는다면 더욱 열심히 살게 된다.

'관계의 법칙'은 자신을 다음과 같은 상황 속에 놓이게 하는 것이다.

7. 안심할 수 있다.
8. 관심을 받고 있다.

9. 일체감이 있다.

구체적으로는 불합리한 불안을 해소하거나 멤버와 목표를 공유하는 방법이 있다.

여기서 제시하는 26개의 기술은 주로 내적 동기를 대상으로 한 것이다. 따라서 외적 동기부여 방법은 들어 있지 않다. 여기에 당근과 채찍을 주는 외적 동기부여도 포함시킨다면 더욱 다양한 방법을 생각할 수 있을 것이다.

결국 내가 하고 싶은 말은 '동기에도 처방이 필요하다'는 것이다. 어떤 방식으로 '의욕'이 생길지는 사람에 따라서 상당한 차이가 날 것이다. 자신이 지금 하고 있는 방식으로는 의욕이 생기지 않는다고 해도 걱정하거나 포기할 일이 아니다. 또 다른 방식은 얼마든지 있다. 자신에게 맞는 처방을 찾아 그대로 해보는 것이 필요하다. 하나의 방식으로 의욕이 생기지 않더라도 포기하지 말고 다른 방식을 시험해보는 것이다. 그러기 위해서는 시험해볼 만한 방식을 많이 알수록 좋다.

+ 자발적으로 공부를 즐길 때는 당근이 필요 없다. 오히려 역효과가 날 수 있다.

+ 모티베이션을 지속하기 위해 작은 목표, 작은 보상을 만들어라.

+ 실패의 원인을 운이나 소질처럼 스스로 바꿀 수 없는 것에 두면 안 된다.

+ '나는 할 수 있다'라고 암시하는 노력도 부지런히 계속한다.

+ 의기소침해질 때는 큰맘 먹고 쉬거나 항상 의욕 넘치는 사람과 사귀어라.

+ 의욕이 생기게 하는 방법을 많이 알고 있으면 포기하지 않고 다양한 방식을 시험해볼 수 있다.

Study Methods for Over 30s

생산성이 향상되는
시간관리

01

쓸데없이
새는 시간을
잡아라

 **지금 당장 시작하라**

비즈니스맨은 늘 바쁘다. 그래서 "바빠서 시간이 없다"는 말을 자주 입에 담는다. 확실히 한창 일할 연령대에는 일 때문에 바빠서 시간이 없다는 것은 잘 알고 있다. 그러나 틈새 시간조차 없는 걸까? 그렇지는 않다고 생각한다.

시간 가계부 같은 것을 만들어 자신의 시간 사용방식을 되돌아보자. 다음 일에 착수해야겠다고 생각은 하지만 좀처럼 의욕이 생기지 않을 때나 아무것도 하지 않고 멍하게 있는 때는 없는지 체크하는 것이다.

물론 무언가를 시작하려 할 때는 워밍업할 시간이 필요하다. 하지만 필요 이상으로 그 시간이 길어지지는 않았는지 확인할 필요가 있다. 또 의도적으로 '휴식을 취하자'고 생각하고 보내는 시간은 제외하더라도 '그럼 이제 해볼까'라고 정했음에도 멍하게 보내는 시간도 체크해보는 것이 좋다. 공부하는 시간을 만드는 힌트가 여기에 있기 때문이다.

대학입시를 준비하는 수험생들을 지도할 때 내가 반드시 하는 말이 있다. "좋아하는 텔레비전 프로그램은 봐도 좋다. 하지만 그 프로그램이 끝났다면 그 순간 바로 텔레비전을 끄고 책상 앞에 앉아라."

예를 들어, 오후 8시대 프로그램의 경우 8시 54분 정도에는 끝날 것이다. 그럴 때 대부분의 아이들은 '9시가 되면 공부를 시작하자'라고 생각해 그대로 텔레비전을 보고 있을 것이다. 그럴 때 보고 있는 것은 자신이 보고 싶었던 프로그램이 아니라 대부분 광고이다. 그런 쓸데없는 시간을 없애지 않으면 빈둥거리는 시간이 느는 건 당연한 일이다.

곧 9시가 되어 다음 프로그램이 시작되면 이것만 보고 하자는 유혹에 빠져, 결국 10시, 11시부터 공부를 시작하는 경우도 많다. 그러면 당연한 일이지만 공부시간은 짧아지고, 공부시간을 확보하려고 이번에는 수면시간을 줄이려 한다. 이처럼 빈둥거린 시간은 그 이후 시간에도 계속해서 악영향을 미친다.

그래서 보고 싶었던 프로그램이 끝나면 바로 텔레비전을 꺼야 한다. 정시부터 공부를 시작하자는 생각은 버리고, 52분이든 54분이든 바로 시작하는 것이다.

어차피 흘러가는 시간이지만 자신이 하고 싶은 일이나 하지 않으면 안 되는 일을 하는 것도 아닌데 시간을 허비할 경우 시간이 너무 아깝다. 이처럼 허비되는 시간을 없애는 방법 중 하나가 정시부터 시작하는 것이 아니라 '지금 당장' 시작하는 것이다.

시간관리의 첫걸음, 우선순위

누구에게나 시간은 한정되어 있다. 그 한정된 시간 속에서 모든 것을 할 수는 없다. 그래서 시간을 효과적으로 사용하기 위해 우선순위를 정하는 것이 필요하다.

우선순위를 정하는 기준에는 여러 가지가 있다. 지금 당장 하지 않으면 안 되는 일, 가장 중요한 일, 가장 하고 싶은 일 등 여러 가지가 있지만 그것은 그때그때 판단할 일이다. 한정된 시간에 효과적으로 놀고 싶다면 가장 하고 싶은 것을 하고, 마감이 얼마 남지 않은 때라면 놀 시간을 반환하고 당장 해야 할 일들을 우선적으로 해야만 한다. 또 일로 인해 피곤이 쌓이고 능률이 떨어졌을 때 가장 필요한 것은 휴식을 취하는 것이다.

각각의 상황에 따라서 언제나 '가장 우선에 두어야 하는 일은 무엇인가?'를 생각하면서 일이나 공부나 놀기를 해야 할 것이다.

우선순위를 정한다는 것은 반대로 말하면 하지 않아야 할 일을 정하는 것이기도 하다. 경리 공부와 법무 공부, 심리학 공부를 해야 할 시기에 그날의 우선순위를 경리 공부라고 정해놓는다면, 그

날은 법무나 심리학은 공부하지 않는다. 우선순위가 낮은 것은 과감하게 잘라낼 각오를 하는 것이 중요하다.

이렇게 우선순위가 높은 것만을 해나간다면 이것저것 해야 한다는 생각 때문에 집중력이 떨어질 일도 없고 시간 역시 효율적으로 활용할 수가 있다.

 ## 기억을 떠올리는 제한시간은 3분

자격증 시험을 대비하거나 대학입시를 준비할 때나 문제를 풀 때에는 생각해서 풀어야 하는 경우와 그렇지 않은 경우가 있다. 외워야만 풀 수 있는 문제의 경우 3분을 생각해도 기억나지 않는다면 더 시간을 끌어도 소용없다. 따라서 문제를 풀 때 3분이 지나도 기억이 나지 않는다면 바로 정답지를 보는 것이 좋다.

어떻게든 생각해내려고 5분이나 6분이라는 시간을 쓰는 것은 낭비다. 그보다는 답을 보고 다시 제대로 외워 다음번에는 맞출 수 있도록 하는 것이 현명하다. 특히 자격증 시험의 경우는 패턴이 정해진 문제가 많으므로 답을 보고 암기하는 것이 효율적이다.

사실 이것은 생각하는 문제에도 해당된다. 이 경우에도 역시 5~6분간 생각해도 답이 나온다고는 할 수 없다. 따라서 문제를 보면서 풀이방법을 찾는 데 쓰는 시간을 답과 해설을 보면서 생각하는 방법이나 풀이방법을 제대로 이해하는 데 쓰는 것이 더 효율적이다. 다음번에 유사한 문제가 나왔을 때 풀 수 있도록 대비를 해두는 것이다.

나는 이 방법을 초등학생부터 대학입시를 준비하는 수험생까지 모두에게 추천했는데, 이 방법으로 효율적인 공부를 할 수 있게 된 아이들이 수없이 많다.

대개의 아이들은 정답지를 보는 것에 죄책감 비슷한 것을 가지고 있어 처음에는 내 말을 듣고 당황스러워 하지만, 일단 이 방법으로 공부한 후에는 시험 성적이 점점 올라간다고 말한다. 성적이 오르는 것이 기쁘고 공부가 좋아져서, 들어가기 힘들다는 학교를 무난히 합격한 아이들도 적지 않다.

당신 역시 답을 보는 것에 죄책감을 가지고 있는가? 그렇다면 당신에게 무엇이 가장 중요한지를 다시 한 번 생각해보라. 아마도 가장 중요한 것은 합격일 것이다.

만약 당신의 목적이 뇌를 훈련시키는 데 있다면 답을 보지 않고 계속 생각하는 것이 좋을지도 모른다(그러나 이 방법으로는 뇌가 단련되지 않는다는 설도 있다). 아니면 문제집의 문제를 푸는 것에 의의를 두고 싶다면 참을성 있게 계속 생각을 해도 좋다.

그렇지 않다면, 시험 당일에 문제를 풀 수 있도록 만드는 것이 중요하다면, 오늘 이 문제를 풀 수 있느냐 없느냐는 그다지 중요한 일이 아니다. 오늘 풀 수 없더라도 시험 당일에 풀 수 있다면 그걸로 되지 않겠는가? 반대로 오늘 문제집을 풀 수 있어도 시험날 문제를 풀 수 없다면 아무런 의미가 없게 된다.

시험을 대비해 공부하는 경우 합격이 최종 목표이므로 공부하는 동안에는 답을 보든 답을 통째로 암기하든 아무 상관이 없다. 시험 중에 답을 본다면 그건 안 될 일이지만, 공부할 때에는 전혀 문제되지 않는다.

시험을 대비해 공부하는 경우가 아니더라도 마찬가지다. 책에서 읽은 내용이나 공부한 내용이 생각나지 않을 때에는 바로 확인한다. 기억나지 않는 것을 떠올리려다 보내는 시간이 아까워서라도 바로 찾아 확인하는 것이 좋다.

만약 바로 찾을 수 없는 상황이라면 나중에 잊어버리지 않고 반드시 찾아볼 수 있도록 나름의 방법을 생각해둔다. 메모를 하거나 핸드폰으로 알람을 맞추어 상기시키는 것도 방법이다.

 ## 토막시간만으로는 부족하다

공부하는 목표에 따라 시간을 만드는 방법은 달라진다. 회사에서 일을 계속하면서 스킬을 향상시키기 위해 자격증 시험에 합격하려는 사람은 가능하다면 잔업을 하지 않도록 한다. 또 일이 편한 부서로 배치전환을 고려해보는 것이 좋다. 자신의 형편에 맞춰 배치전환한다는 것은 어려운 일이긴 하지만 일단 한번은 시도해볼 수 있는 일이다.

사회인의 경우 아무리 틈새시간을 잘 활용한다고 해도 한계는 있기 마련이다. 공부를 할 때는 제대로 정리할 시간도 필요하므로 되도록 잔업이 없거나 휴일에 출근하지 않아도 되는 직장으로 옮겨 시간을 확보하는 것도 고려해볼 만하다.

그러나 당신이 치르려고 하는 자격증 시험이 사법고시나 의사국가고시처럼 일생이 걸린 시험이라면 회사를 그만두고 전력을 다해 도전하기를 권하고 싶다. 사법고시든 의사국가고시든 '2, 3년 고생해서 합격하면 된다'는 마음가짐으로는 실패할 확률이 높다.

20대 초라면 그런 마음가짐을 가져도 되겠지만, 이미 30대를 넘은 사람은 자신의 연령을 잘 생각해보길 바란다. 예컨대, 33세인 사람이 3년 걸려 사법고시에 붙고 그후 1년간 사법연수원을 거치면 37세가 넘어버린다. 법과대학원의 수험공부를 2년 정도라 할 때, 법과대학원에 가서 법조자격증을 취득하는 경우라도 스타트할 수 있는 것은 30대 후반이다.

의사를 목표로 한다면 더욱 시간이 걸린다. 의대 입시공부에 2년이 걸리고, 의대에 6년을 다녀 2년간 연수생활을 하면 합계 10년이다. 그러면 의사로서 재출발하는 시기는 43세가 넘어서다.

따라서 법과대학원에 가거나 사법연수를 받으려면 회사를 쉬거나 퇴직할 수밖에 없다. 의학부를 다니는 경우도 마찬가지다. 이럴 경우에는 빨리 그만두어 3년 만에 합격할 것을 1~2년 사이에 붙도록 하는 것이 보다 효율적이다.

30세를 넘긴 사람이 어려운 자격증에 도전해 합격하고 그 직업에 종사하려면 시간이 제한되어 있다. 1년이라도 빨리 합격하는 것이 좋으니 회사를 그만두고 본격적으로 도전해야 한다. 빈둥거리며 공부를 해서 1년 늦게 합격한다면 그만큼 손해인 것이다.

다만, 이 경우 회사를 그만두려면 돈이 필요하다. 당장 필요한 생활자금을 준비해두지 않은 채 회사를 그만둘 수는 없다. 그뿐 아니라 공부를 하려면 좋은 학원에 다니는 것이 유리하다. 어려운 자격시험을 목표로 하는 사람은 지금 당장 저금을 시작해야 한다. 그리고 목표한 돈을 모으면 회사를 완전히 그만두어서 1년이라도 빨리 합격할 수 있도록 하는 것이 좋다.

자격증을 염두에 두지 않는 경우라 해도 마찬가지다. 근무시간 중에 바쁘게 일하면서 마련한 토막시간만으로는 부족하다. 자격증이라는 구체적인 성과가 없는 공부라고 해서 목표가 없는 것은 아니다.

예컨대, 어느 한 분야의 개론서와 전문서 몇 종을 올해 안으로 마스터한다는 식의 목표가 있을 것이다. 이런 경우, 출근 전이나 퇴근 후 공부만을 위한 시간을 마련해야 한다. '적어도 1~2시간은 집중해서 공부하겠다'는 식의 계획을 세우고 시간관리를 해야 한다.

02
시간효율을
10배 올리는
테크닉

시간을 만드는 능률

한정된 시간 속에서 시간을 만들어내는 방법은 두 가지밖에 없다. 하나는 앞에서 말한 것처럼 틈새시간을 만들어내는 것이고, 또 다른 방법은 단위시간당 능률을 높이는 것이다. 능률을 높이는 것으로도 실질적인 시간을 만들어낼 수 있다.

예를 들어, 5~10년 전에 비해 영문을 읽는 속도가 2배로 빨라졌다면 당시 2시간 공부했던 것을 지금은 1시간 공부로 끝내게 된다. 즉, 새롭게 1시간을 만들어내게 된다는 말이다. 단위시간당 능률을 올리면 시간을 만들어내는 것이 가능해진다.

시간효율을 2배로 올리면 그 절반의 시간을 다른 곳에 이용할 수 있고, 10배로 올리면 10분의 1의 시간으로 공부를 끝낼 수 있다. 그러면 나머지 시간은 잉여시간이 된다.

비즈니스맨은 일하는 데 단련되어 있기 때문에 단위 시간당 생산량에 대한 감각이 뛰어날 것이다. 능률을 생각해서 일하는 것처럼 능률을 생각해서 공부에 임해야 할 것이다.

목표와 마감시간을 정하라

집중력을 높이려면 어떻게 하는 것이 좋을까? 이것은 내가 자주 받는 질문이기도 하지만, 인위적으로 집중력을 높일 수 있는 방법은 거의 없다. 2장에서 집중력에 대한 이야기를 잠깐 언급한 바 있지만 그것은 기억력을 높이기 위한 것이었다. 기억을 되살리는 의미에서 다시 간단히 설명하자면, 흥미 있는 것으로 주제를 좁히거나 자신을 절박한 상황에 놓이게 하는 방법, 집중력에 방해가 되는 요소를 없애거나 줄이는 방법 등을 언급했다.

그리고 지금 우리는 '생산성을 높이는 시간관리'에 대해 이야기하고 있다. 시간관리라는 측면에서 집중력을 높이는 방법은 확실히 많지 않다. 다만 시작효과와 마감효과가 있다는 것만은 확실히 말해두고 싶다. 일을 하기 시작할 때와 끝내기 직전에는 집중력이 높아지는 경향이 있다는 것이다. 당신 역시 그런 경험이 있을 것이다.

이들 효과를 잘 이용하려면, 시작하는 시점과 마감하는 시점이 많아지도록 시간을 짧게 나누어 공부하는 방법을 생각해볼 수 있다. 예컨대, 중간에 테스트를 많이 넣어 '다음 주 시험까지는 어찌되었든 열심히 하자'는 식으로 마감시간의 횟수를 늘리거나, 능숙하게 중간에 휴식시간을 만들어 '오늘부터 다시 시작'이라는 식으로 시작횟수를 늘려가는 것이다.

이것은 절박한 상황에 놓이도록 하는 방법과 일맥상통하는 것인데, 1년이나 2년 후 마감된다고 생각하면 좀처럼 절박감은 생기지 않는다. 장기적으로 절박감을 지속시키는 것은 상당히 어려운 일이다.

그래서 굳이 회사를 그만두고 스스로를 궁지에 몰아넣어 절박감을 만드는 방법도 있다. 회사를 그만두지 않고 하루 2시간 공부하는 것과 회사를 그만두고 하루 10시간 공부하는 것을 비교했을 때, 10시간 공부하는 쪽이 왠지 더 늘어질 것 같다는 생각이 들겠지만, 그렇지 않다. 회사를 그만두었다는 절박감이 있으므로 10시간이라도 오히려 긴장이 되어서 집중할 수 있다. 그에 비해 퇴근 후 2시간 동안 하는 공부는 육체적 정신적 피로도 있으므로 그다지 집중력은 높아지지 않는다. 2시간 공부할 생각이었지만 결국엔 1시간 분량밖에 못할 수도 있는 일이다.

그렇다고 공부하기 위해 회사를 그만두겠다고 생각하는 것은 위험하다. 앞에서도 언급했듯이 일생이 걸린 시험을 대비하는 것과 같은 경우가 아니라면, 출근 전이나 퇴근 후 확보하는 공부시간만으로도 충분하다. 다만, 이 경우에도 자신을 어떻게 궁지로 몰아넣을지는 생각해야 한다.

고민거리를 안고 공부하지 마라

집중력에 방해가 되는 요소를 없애거나 줄이는 방법에 대해서도 1장에서 이미 언급했지만, 시간관리라는 측면에서 다시 한 번 말해두고자 한다. 집중력을 높이는 것은 어려운 일이지만, 집중력을 떨어뜨리는 원인을 제거하는 것은 그다지 어려운 일이 아니다.

집중력을 떨어뜨리지 않으려면 우선 몸의 컨디션을 잘 살펴야 한다. 보통 몸이 가장 피곤하지 않은 때는 아침이다. 게다가 이른 아침에는 주위가 고요하다. 따라서 아침에 일찍 일어나 공부하는 것이 효과적이다.

이에 반해 일터에서 막 돌아와 몸이 피곤할 때는 컨디션이 좋지 않기 때문에 집중력은 떨어진다. 술을 마시고 집으로 돌아온 경우는 집중력이 거의 없을 것이다. 그런 날은 무리하게 공부하지 말고 일찍 잠자리에 드는 것이 좋다. 그리고 다음날 아침 일찍 일어나 공부하는 것이다.

수면시간을 충분히 확보하거나 영양을 충분히 섭취한 뒤에 공부하는 것도 중요한다. 인간의 집중력은 대개 90분이 한도이므로 90분마다 반드시 휴식을 취하자. 대학 수업시간도 1타임이 90분 정도이다. 따라서 90분을 단위로 공부시간을 잡으면 될 것이다.

집중력을 떨어뜨리는 또 다른 요인으로 근심을 들 수 있다. 회사일이든 가정사든 걱정거리가 있을 때도 집중력이 떨어진다. 근심거리가 있다면, 우선 그것부터 해결하고 공부를 시작하는 것이 좋다.

말할 것도 없이 가까이에 만화책을 놓아두거나 텔레비전을 틀어놓아서는 집중할 수가 없다.

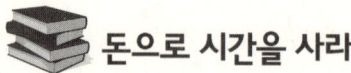 돈으로 시간을 사라

성인이 공부할 때 시간을 만들어내는 가장 간단한 방법은 시간을 돈으로 사는 것이다. 혼자 사는 사람은 요리하는 시간이 아깝다고 생각되면 배달시켜 먹으면 되고, 통근시간이 아깝다고 생각한다면 회사 근처에 집을 빌리면 된다. 잡다한 집안일에 드는 시간을 절약하고 싶다면 가사도우미를 고용하는 방법이 있고, 이동시간이 아까운 사람은 택시를 타서 택시 안에서 공부를 해도 좋다. 어느 쪽이든 돈으로 살 수 있는 시간은 많다.

나도 의사 일을 하면서 임상심리사 시험을 대비해 공부한 적이 있는데, 시험 직전에는 집에서 처리해야 할 잡무들을 해결하기 위해 돈을 지불하고 심부름센터에 부탁했다. 그 덕분에 시간이 생겼고 집중해 공부할 수 있었다. 또 근무하는 병원이 있는 가와사키에서 도쿄로 이동할 때도 열차의 보통 칸을 타면 도저히 공부할 수 없어 더 비싼 값을 내고 지정석에 앉았다. 물론 돈이 들긴 했지만, 합격하면 얼마든지 돌려받을 수 있다고 생각했으므로 아깝다는 생각은 들지 않았다.

전문지식이 늘면, 게다가 어려운 자격증 시험에 합격하기라도 하면 사내에서 평가가 올라가서 수입이 늘어날 것이고, 연봉이 높은 회사로 전직할 가능성도 있다. 시간을 돈으로 사는 것을 아까워하지 않고 '자신에게 하는 투자'라고 생각하자. 그것으로 자격증 시험에 합격한다면 상당한 메리트가 있는 것이니까.

단, 이 방법을 쓰겠다고 마음을 먹은 경우에도 미리 돈을 모아두어야 한다. 1년 정도는 잔업을 제대로 해서 필사적으로 돈을 모은다. 그리고 2년째는 그 돈으로 시간을 만들어 공부에 집중한다. 요컨대, 1년째는 시간을 사용해서 돈을 얻고 2년째는 돈을 사용해서 시간을 산다는 것이다. 돈으로 많은 양의 시간을 산 뒤에 집중해서 단기간에 합격하는 전략을 생각해보는 것도 필요하다.

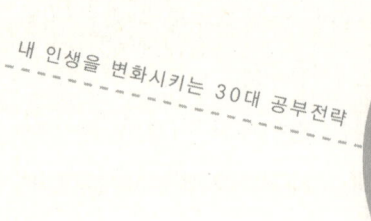

03
틈새시간을
유용하게 만드는
테크닉

 아침; 소리 내어 읽어라

뇌의 메커니즘을 활용한 기억에 대해 설명하면서 언급한 내용을
상기해보자. '도후쿠대학의 가와시마 류타 교수가 최근 발표한 뇌
연구 결과에 의하면 음독이나 단순계산은 뇌의 활성화를 높여준
다'고 말했다. 그리고 이것은 기억을 높이기 위해 사용할 수 있는
좋은 방법이라고 소개했다. 이 말은 틈새시간을 보다 효율적으로
사용하는 방법이기도 하다는 뜻이 된다.

　다음 페이지의 그림은 초등학생의 심리연구에서 단어기억이나
미로 찾기 같은 것을 시키기 전에 소리 내어 읽게 하거나 단순계산
을 반복하게 하는 것이 얼마나 효과적인지를 잘 보여준다. 이것은

▼음독과 단순계산의 효과 〈초등학생의 심리연구〉

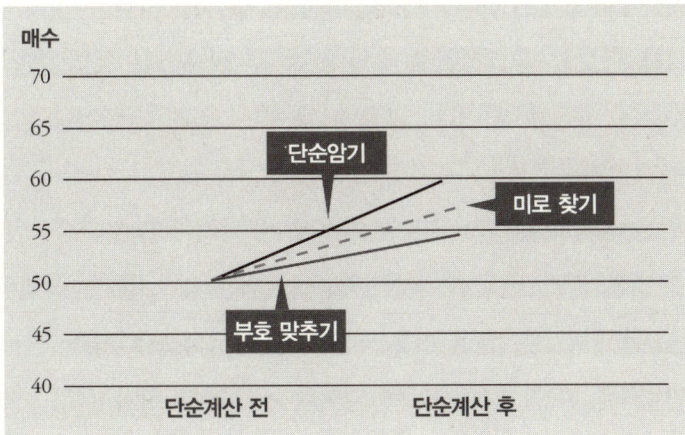

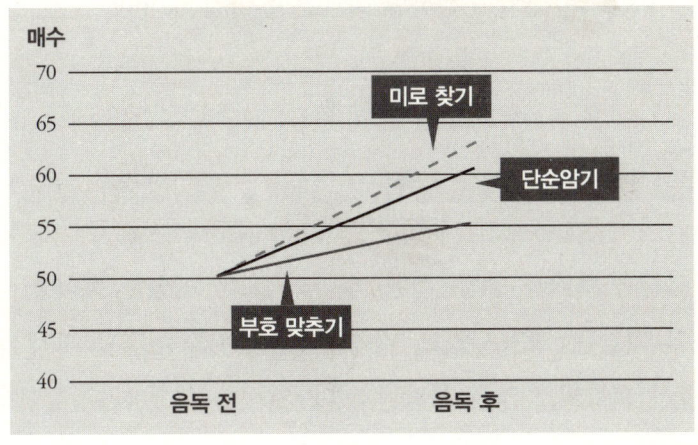

(도후쿠대학 가와시마 류타 교수의 연구)

실험을 통해 밝혀진 효과이므로 한 번 시도해보는 것이 좋을 듯하다. 만약 자신에게 맞지 않는다면 그만두면 된다.

'100을 더하는 계산'으로 유명한 가케야마 히데오 선생님의 학급에서는 아이들에게 계속 100을 더하는 계산을 시키는 것이 아니라, 뇌를 활성화시키기 위해 수업 시작 후 처음 5분 동안에만 100을 더하는 계산을 시킨다. 그런 다음에는 교과 학습이나 암기를 시키는 것이다.

공부를 시작하기 전에 먼저 소리 내어 읽거나 단순계산을 하는 시간을 5분 정도 만들어 뇌를 워밍업시키는 것도 좋은 방법이다. 따라서 틈새시간을 유용하게 사용하는 테크닉으로 가장 먼저 권하는 방법은, 아침 5시 정도에 일어나서 소리를 내어 신문을 읽어보라는 것이다. 그러면 잠도 깨고 뇌도 활성화된다. 그리고 그후에 1시간 정도 집중해서 공부하면 효과는 높아질 것이다.

 점심; 휴식하는 방법

점심시간을 보내는 방법은 다양하다. 되도록 맛있는 음식을 먹어 기운을 되찾는 사람도 있고, 나처럼 잠깐이라도 낮잠을 자지 않으면 몸이 회복되지 않는 사람도 있다. 당신은 어떤가? 점심시간을 어떻게 활용하고 있는가? 어느 쪽이든 점심시간을 유익하게 보내는 방법을 찾아야 한다.

나는 잠깐 눈을 붙이기 위해 외진 곳에 있는 조용한 카페를 이용하거나 차를 가지고 왔을 때는 차 속에서 잠깐이나마 얕은 잠을 청하곤 한다.

최근에는 개인 방처럼 생긴 인터넷 카페도 생겨 거리를 지나다가 잠깐 잠을 잘 수 있는 장소가 늘어났다. 피곤을 없앤 후 오후부터 일에 집중하고 싶은 사람은 잠을 잘 수 있는 공간을 찾아 이용해보는 것도 좋다.

또 가벼운 산책으로 기분을 전환하는 것이 도움이 되는 사람도 있다. 회사 근처에 공원이나 산이 있다면 더없이 좋겠지만, 그렇지 않은 경우에는 골목길을 다니면서 재미있는 가게 이름이나 마당을 근사하게 꾸며놓은 집들을 구경하는 것도 좋은 방법이다. 너무 무리해 오후 일에 지장을 주어서는 곤란하겠지만, 기분전환을 위해 20~30분 정도 가볍게 산책하는 것은 건강에도 도움이 된다.

음식으로 원기를 회복하든, 잠깐 잠을 청해 피로를 풀든, 아니면 가벼운 산책으로 기분전환을 하든, 오후 시간 동안 일의 능률을 향상시키고 잔업시간을 줄일 수만 있다면 그만큼 공부할 시간을 벌 수 있다. 점심시간을 어떻게 사용할지 나름의 방법을 꼭 찾아보기 바란다.

 ## 저녁; 공과 사는 확실히 구분하자

최근에는 잔업에 대한 규칙이 엄해졌다. 노동부 산하 기관의 서비스 잔업에 관한 지도도 엄격해지고 있다. 잔업수당이 부담스러워

잔업을 시키지 않는 회사도 많아졌다. 그런 점에서 볼 때, 공부하고 싶은 사람에게는 이전보다는 아주 좋은 여건이 만들어졌다고 할 수 있다.

오히려 힘든 것은 술자리나 거래처 접대일 것이다. 보통의 잔업이라면 길게 한다고 해도 일정 시간이 되면 끝나지만, 술자리는 계속 이어져서 도중에 빠져나올 수 없는 경우도 있다. 게다가 과음하면 그날 공부할 수 없는 것은 물론 다음날의 컨디션에도 영향을 미친다.

퇴근 시간 이후의 시간을 어떻게 컨트롤할 것인가는 공부의 성패를 가름하는 중요한 문제이다. 따라서 나름대로 원칙을 세워 여러 상황에 대처해야 한다. 예컨대, 공과 사를 확실히 구분해 퇴근 시간 이후는 오로지 사적으로만 시간을 쓰겠다는 원칙을 정해두는 것이다.

또 사적인 약속이라 해도 며칠 전에 미리 잡아둔 것이 아니면 가능한 한 피한다고 정해두는 것도 좋다.

예컨대, 심심해서 시간이나 때우려고 이 친구 저 친구에게 전화해 오늘 당장 만나자고 하는 사람들이 더러 있다. 대부분 특별한 용무도 없다. 그런데도 거절하는 것이 어려워 약속을 잡은 적이 있을 것이다. 이런 경우 '미리 정해두지 않은 약속은 피한다'는 원칙은 아주 유용하다.

이동시간 ; 공부할 포인트를 좁혀라

이동시간을 어떻게 활용할지도 미리 정할 필요가 있다. 그래야 그에 맞춰 필요한 준비를 할 수 있기 때문이다. 우선 이동시간 동안 공부를 할 것인지, 잘 것인지, 놀 것인지 정해야 한다.

공부하겠다고 결정했다면, 20분 정도밖에 안 되는 짧은 시간이라도 충분히 공부할 수 있다. 많은 양은 아니더라도 정리해둔 요점을 암기하는 등 포인트를 좁힌다면 몇 가지는 충분히 할 수 있다. 따라서 이동시간에 할 수 있는 내용을 미리 준비해둔다.

이동시간을 휴식시간으로 사용하는 방법도 있다. 이동시간에는 되도록 잠을 청해서 피로를 풀고 공부는 몰아서 하는 방법이다. 특히 장거리 이동을 할 때는 30분 정도는 공부하고 나머지 시간은 수면시간에 사용하는 등 자신에게 맞춰서 사용할 수 있다.

이동시간을 노는 시간으로 사용할 수도 있다. 밤에 공부하는 사람은 보고 싶은 텔레비전 프로그램을 미리 녹화해놓고 이동시간 중에 보는 것도 가능하다. 장거리를 이동할 때에는 영화 한 편을 볼 수도 있다.

이동시간을 효과적으로 사용하기 위해 급행을 타지 않고 역마다 정차하는 기차를 선택하는 것도 방법이다. 지정석에 타도 좋다. 조금만 연구하면 이동시간을 다양한 형태로 이용할 수 있다.

나의 경우는 차를 운전해서 이동하는 일이 많은데, 이럴 때에는 책을 읽거나 잘 수는 없어도 기분전환이 된다. 음악을 틀어놓거나 라디오를 들으면서 차를 운전하다 보면 기분이 정말 상쾌해진다. 물론 이것은 어디까지나 나의 경우이다. 이동시간을 어떻게 사용하는 것이 좋은지는 당신만이 안다. 그리고 당신만이 결정할 수 있다.

04
공부계획을
세우는
테크닉

 시간이 아닌 양으로 목표를 세워라

성인의 경우 몇 시간을 공부했느냐는 것은 거의 의미가 없다. 공부하는 습관을 들이기 위해 책상 앞에 앉아 있는 시간을 늘여 나가야 할 아이들의 경우와는 다르다. 성인의 경우, 중요한 것은 어디까지, 얼마나 공부했느냐는 것이다. 그래서 공부계획을 세울 때는 시간이 아니라 양으로 목표를 정해야 한다.

'이번 주에는 몇 페이지까지 한다'는 식으로 개요를 정해 그것을 할 시간을 틈틈이 마련하면서 착실하게 실행한다. 이렇게 계획하고 실행하기를 반복한다면 당연히 성과가 있을 수밖에 없다.

계획을 치밀하게 세우려는 사람도 있는데, 계획을 세우는 데 시간을 너무 많이 들이는 것은 쓸데없는 일이다. 일하면서 공부하는 경우에는 너무 치밀하게 계획을 세우면 아무리 세심하게 배려해 세운 것이라 해도 반드시 어딘가가 어긋나게 된다. 어차피 어긋나게 될 것이므로 주도면밀한 계획을 세우는 것 자체는 의미가 없다.

계획은 대략적으로 세우는 것만으로 충분하다. 계획만 세우다가 끝나버리지는 않아야 하기 때문이다.

 ## 단기계획(주 단위); 일주일은 공부계획의 최소단위

단기계획을 세울 때는 일주일 목표량을 5~6으로 나누고 그것을 하루의 목표량으로 삼는다. '일주일에 120페이지'라고 정했을 때 5로 나눌 경우에는 월요일부터 금요일까지 매일 24페이지씩 한다. 토요일은 예비일로 만들어 월요일부터 금요일까지 하지 못한 부분을 하는 날로 정한다. 밀린 것이 없다면 복습하는 날로 정해 일주일간의 분량을 복습한다. 이 경우, 일요일은 통째로 쉬어도 좋다.

성인이 되어 공부하면 어릴 때보다 기억력이 떨어지므로 복습은 반드시 해야 한다. 우선 진도부터 나가자는 생각으로 복습하지 않는 사람도 많은데, 그래서는 암기가 정착되지 않는다.

6으로 나누는 경우는 월요일부터 토요일까지 매일 20페이지씩을 해야 한다. 금요일까지 예컨대 15페이지 정도 못 끝낸 부분이 있는 경우엔 토요일에는 할당된 분량인 20페이지에다 15페이지를 더해서 35페이지를 공부한다. 이때는 일요일에 1주일 분량을 복습

일주일 계획을 세우는 방법

월	
화	① 일주일 동안 해야 할 공부의 양이나 일의 양을 확실하게 정한다. 그것을 월요일부터 일요일까지의 7일이 아니라 5일(월~금)로 나눠 하루에 할당된 공부나 일의 양으로 정한다.
수	
목	
금	
토	② 예상하지 못한 일이 생길 수도 있으므로 토요일은 다 끝내지 못한 일을 정리하는 날로 만든다. 아니면 그 주에 공부했던 것을 정리하거나 복습한다.
일	③ 토요일에는 못 다한 공부를 하거나 복습하는데, 여기에 필요한 시간이 너무 많지 않은 이상 일요일에는 쉬도록 한다.

자료출처: 〈THE 21〉 5월 특별 증간호 (2002. 5. 1., PHP연구소)

해야 한다. 단, 회사에서 일한 뒤에도 매일 매일 집에서 공부하고 토요일과 일요일에도 쉬지 않는다면 휴식시간이 없어져버린다. 토요일이나 일요일 중 적어도 하루는 반나절이라도 좋으니 피곤을 풀기 위해 쉬어야 한다.

중기계획(월 단위); 한 달에 한번은 총복습하는 날

1개월 정도면 어느 정도 많은 양을 공부할 수 있다. 문제집 1권을 끝낸다든가, 책 2권을 독파한다든가 등의 작지만 성취감을 맛볼 정도의 공부는 할 수 있을 것이다. 작다고는 하나 성취감은 참으로 기분을 좋게 만든다. 그래서 특히 공부할 때는 성취감을 계속 느낄 수 있도록 계획을 잡아야 한다. 하지만 기분이 좋다고 해서 계속 공부진도를 나가면 기억의 정착이라는 면에서 마이너스가 될 수도 있음을 기억해야 한다.

일주일에 한 번 복습하는 날을 만드는 것은 이런 까닭이었다. 하지만 한 달에 하루나 이틀 정도도 완전히 비워 한 달 분량을 복습하는 날로 준비해두어야 한다. 예컨대, 매달 마지막 토요일과 일요일은 한 달간을 복습하도록 정해두고, 무슨 일이 있어도 그날에는 다른 일을 하지 않는다.

2장에서 언급한 심리학자 에빙하우스의 망각곡선과 해마에 기억된 정보의 유효기간을 기억할 것이다. 철저하게 복습하고 정리하는 일을 게을리 해서는 애써 공부한 내용이 머릿속에서 사라지는 것을 막을 수 없다. 계속해서 진도를 나가고 싶겠지만, 머릿속에 남기기 위해 공부하는 것임을 잊지 말아야 한다.

 ## 장기계획(연 단위); 휴가계획부터 잡아라

일하면서 공부할 경우 휴식은 정말 중요하다. '얼마나 효과적으로 쉬느냐'는 '얼마나 효과적으로 공부하느냐'와 마찬가지로 중요한 문제이다.

쉬지 않고 계속 일하거나 계속 공부할 경우 머잖아 숨이 막히는 것 같은 기분이 들게 된다. 따라서 때로는 기분전환을 위해 완전히 쉬는 날을 만들어두자. 1주일이든 2주일이든 일정한 간격으로 쉬는 날을 정해, 그날은 무슨 일이 있더라도 일도 공부도 하지 않는다.

또 연간계획을 잡을 때에는 멋진 휴가계획부터 잡는다. 휴가는 1년간 열심히 공부한 자신에게 주는 선물이기도 하다. '무슨 일이 있어도 쉬는 날'을 정하는 것처럼 무슨 일이 있어도 휴가계획을 실행할 수 있도록 공부하자.

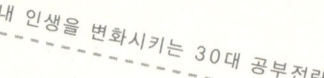

05
머리회전을
좋게 만드는
테크닉

 **줄여서는 안 되는 시간**

나는 생존을 위해 필요한 시간은 줄여서는 안 된다고 생각한다. 살기 위해서 필요한 시간이란 식사시간과 잠자는 시간이다.

점심식사 시간은 기분전환이나 휴식을 위해 다소 줄여도 좋겠지만, 아침이나 밤의 즐거움인 식사시간까지 줄여서는 안 된다. 급하게 식사하는 경우 소화불량에 걸려 하루 종일 혹은 밤새 더부룩한 속 때문에 불편해질 수 있다. 더욱이 식사를 하면서 공부하겠다는 생각은 금물이다. 식사하는 동안 신문이나 책을 읽으면 식사량을 정확히 알 수 없어 과식하기 쉬울 뿐 아니라 식사의 즐거움을 만끽할 수 없다.

잠자는 시간 역시 마찬가지다. 잠을 줄여 공부하는 것은 능률을 떨어뜨릴 뿐이다. 쏟아지는 잠을 이기며 만든 시간에 공부하는 양과, 충분한 잠을 잔 뒤 맑은 머리로 공부한 양을 비교해보라. 충분한 수면은 몸의 컨디션을 유지하는 데에도 반드시 필요하다.

목욕하는 시간을 포함해 기분전환용 시간 역시 본래의 목적에 충실하도록 이용하는 것이 좋다. 기분을 전환하기 위해 마련한 시간은 아낌없이 투자하자. 상쾌한 기분으로 다시 공부할 마음이 생길 것이다.

또 사회인에게는 일하는 시간 역시 생존을 위해 필요한 시간이다. 따라서 일하는 시간도 대충 보내면 안 된다. 일을 제대로 하지 않을 것이라면 우리가 왜 공부를 해야 한단 말인가. 일하는 시간을 줄여 공부하겠다는 생각은 그야말로 본말전도이다. 일을 제대로 하기 위해 공부하는 것이므로 일을 대충대충 해서는 안 된다.

 ## 기억을 붙잡는 충분한 수면시간

잠자는 시간을 줄여서는 안 된다고 이미 말했지만, 이것은 다시 한 번 강조할 필요가 있는 문제이다. 수면부족은 몸을 피로하게 만들 뿐 아니라 능률도 떨어뜨린다. 또 집중하는 데에도 어려움을 겪게 만든다.

이뿐만이 아니다. 생리학적으로 봐도 수면시간이 5시간을 밑돌면 기억력은 극적으로 떨어진다. 수면시간은 해마에서 측두엽으로

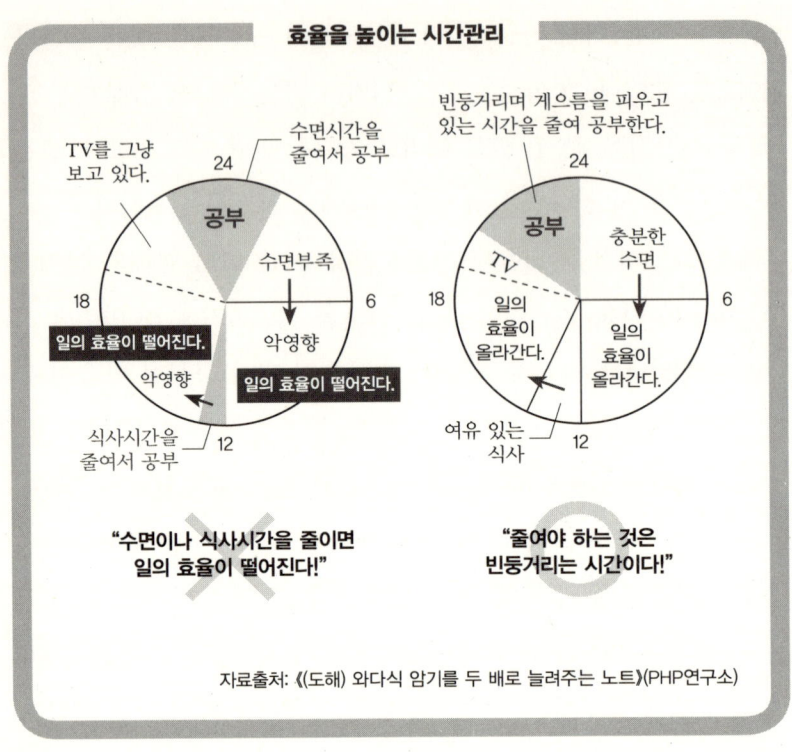

효율을 높이는 시간관리

TV를 그냥
보고 있다.

수면시간을
줄여서 공부

24

공부

수면부족

악영향

18

6

일의 효율이 떨어진다.

일의 효율이 떨어진다.

악영향

식사시간을
줄여서 공부

12

"수면이나 식사시간을 줄이면
일의 효율이 떨어진다!"

빈둥거리며 게으름을 피우고
있는 시간을 줄여 공부한다.

24

공부

충분한
수면

TV

18

일의
효율이
올라간다.

일의
효율이
올라간다.

6

여유 있는
식사

12

"줄여야 하는 것은
빈둥거리는 시간이다!"

자료출처: 《(도해) 와다식 암기를 두 배로 늘려주는 노트》(PHP연구소)

정보가 전기되는 시간대이다. 즉, 잠을 자야지 기억이 임시저장 장치에서 장기저장 장치로 옮겨간다는 말이다. 기억을 장기적으로 정착시키는 데 6~8시간 정도의 충분한 수면은 반드시 필요하다.

학생시절 시험기간에는 충분히 잠을 자야 한다는 말을 들어본 적이 있을 것이다. 이것은 컨디션을 조절하기 위한 것이기도 하지만, 장기적인 기억에 반드시 필요하기 때문이기도 하다.

밤을 새워 공부하기보다는 어느 정도 외웠다면 자두는 것이 기억을 더 잘 보존시킨다. 조금 더 공부해야 한다면 밤을 새는 것보다 다음날 아침에 조금 일찍 일어나 전날 공부한 것을 복습하는 것이 더 효과적이다. 낮잠을 잔 뒤에도 자기 전에 기억한 것을 복습해두면 기억의 유지에 도움이 된다.

머리회전에 꼭 필요한 아침밥

언젠가 아침식사를 거르는 사람의 수를 조사한 결과를 보고 놀란 적이 있다. 생각보다 훨씬 더 많은 사람들이 아침을 거르고 있었다. 이유는 다양했다. 잠자는 게 더 좋아서, 금방 잠에서 깨어나 입맛이 없어서, 또 바빠서 아침을 거른다는 것이다.

하지만 아침식사를 거르면 머리 기능이 나빠진다. 아침식사 후 점심시간까지의 시간은 대개 5시간 정도이고, 점심에서 저녁까지는 7시간 정도다. 그에 비해 저녁부터 다음날 아침 식사시간까지는 무려 12시간이나 된다. 수면 중에 사용되는 에너지의 양이 적다고 해도 뇌는 움직인다. 따라서 하루 중 뇌 속의 포도당이나 영양소가 자장 적은 때가 바로 아침이다. 포도당이 부족하면 당연히 머리회전이 안 된다. 이런 상태에서는 일을 하거나 공부를 해도 진척되지 않는다.

학생들의 경우, 충분한 수면과 아침식사만으로도 성적이 오른다고 말한다. 성인이라고 예외는 아니다. 내일 아침부터라도 아침밥은 반드시 챙겨먹자.

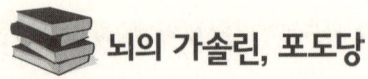

뇌의 영양은 산소와 포도당이다. 산소를 얻으려면 심호흡을 하여서 신선한 공기를 들여마시는 것이 좋다. 한편 식사에 관해서는 무엇을 먹어야 머리가 좋아질지 한마디로는 말할 수 없지만, 적어도 포도당이 부족하면 좋지 않다는 것은 확실하다. 따라서 주식은 제대로 먹어두어야 한다.

또 30대 이후가 되면 뇌 안에 세로토닌이 부족해지기 쉽다. 세로토닌이 부족해지면 우울증의 원인이 되기도 하는데, 뇌를 활성화시키기 위해서는 세로토닌을 늘려야 하므로 적극적으로 고기를 먹어야 한다. 고기에 포함된 아미노산인 트립토판이 세로토닌의 재료이기 때문이다. 살찌는 것이 신경 쓰여 고기를 먹지 않으려는 사람들이 많은데, 공부는 물론이고 건강을 위해 오히려 좋지 않은 방법이다.

동양인의 고기 섭취량은 결코 많다고 할 수 없다. 미국인이 고기를 하루에 280g 먹는 것에 비해 동양인의 경우 젊은 사람들이 100g 정도 먹는다. 고기의 양을 너무 줄이면 뇌의 활성화나 의욕에 악영향을 끼치는데, 세로토닌이 부족해서 마음이 불안해지고 공부능률도 떨어진다.

어렸을 때와 비교해서 뇌가 더 건강한 것도 아니므로 뇌를 염두에 두고 식사해야 한다.

+ 공부하려고 마음을 먹었으면 1초라도 빨리 시작하라.

+ 우선순위를 정할 때는 무엇을 버릴 것인가를 먼저 생각하라.

+ 시간을 사용해 돈을 번 후, 돈을 사용해 시간을 사라.

+ 시간이 아니라 양으로 공부계획을 세워라.

+ 능률을 높여 시간을 만들어라.

Study Methods for Over 30s

01. 정보를 버리는 테크닉

정보를
선택하고 활용하는 기술

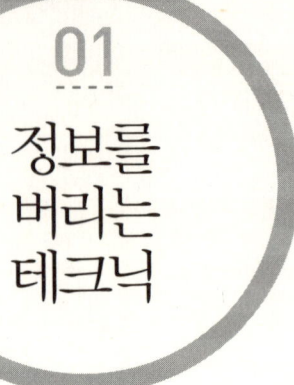

01
정보를
버리는
테크닉

 **버릴 것이 많은 인터넷 정보**

정보가 너무 많으면 취사선택과 정리에 너무 많은 시간을 빼앗기게 된다. 특히 인터넷으로 간단하게 입수할 수 있는 정보는 그 엄청난 양 때문에 선택하고 정리하려면 막대한 시간이 걸린다.

검색결과가 30건 정도라면 정리해서 컴퓨터로 보존하고 싶은 마음도 들겠지만, 3만 건이나 나오면 정리하기가 힘들어진다. 그래서 인터넷 정보는 일단 본 다음에는 버리는 것이 현명하다. 대부분의 페이지는 나중에 다시 검색할 수 있으므로 상당히 중요한 정보 외에는 컴퓨터에 보존할 필요가 없다.

예전에는 정보수집 능력이 중요했다. 물론 인터넷이 일반화되기 전 이야기다. 인터넷 시대라 불리는 오늘날은 정보수집 능력보다는 오히려 정보를 잘라내는 능력이 요구되고 있다. 시대가 변하였으므로 요구되는 능력도 바뀌는 게 당연하다.

인터넷으로 정보를 검색할 경우 스크리닝(Screening)하는 기준을 마련해두는 것이 좋다. 예컨대, 알 것 같은 정보, 흥미 있는 정보, 중요하다고 생각되는 정보 등으로 정해두고, 거기에 맞는 것만을 읽고 나머지는 과감히 버린다. 정보수집이 쉽고 간단해진 만큼 정보를 버리는 기술이 중요해졌다.

중요한 정보는 책에서

나의 경우, 줄기를 이루는 정보는 책 같은 종이 매체에서 얻는다. 개요는 책으로 살펴두고 지엽적인 정보만 인터넷으로 검색하는 것이다. 인터넷만으로 정보를 수집해서 줄기부터 지엽적인 정보까지 개요를 조합해낼 수 있는 사람도 있을 것이다. 하지만 그런 일을 할 수 있는 사람은 몇몇 특별한 사람들뿐이다. 통상적으로 정보의 줄기를 가지고 있지 않으면 지엽적인 정보가 들어오지 않는다.

예컨대, 프로이트에 대해 조사한다고 해보자. 인터넷만으로 그의 이론에 대해 알아보는 것은 어렵다. 책으로 읽어 프로이트 이론의 개요를 알아두지 않으면, 너무 많은 인터넷 정보 때문에 혼란만 가중될 뿐이다. 게다가 개중에는 잘못된 정보도 있을 것이다.

또 정보의 줄기를 가지고 있지 않으면, 그 내용의 가치를 판단할 수도 없다. 프로이트 연구에서 이미 낡았다고 폐기된 것인지, 아니면 프로이트의 가치를 새롭게 발견한 것인지 판단하기도 어렵다.

책을 읽지 않고 인터넷으로만 정보를 찾겠다는 것은, 나침반을 들지 않고 항해를 떠나는 것과 다르지 않다. 조난당할 위험이 높은 것이다. 적어도 주된 정보는 책으로 읽은 다음 인터넷을 검색하는 것이 좋다.

 ## 전문가에게 들어라

정보를 얻는 가장 효율적인 방법은 그 분야에 대해 잘 아는 사람에게 묻는 것이다. 금융에 대해 알고 싶다면 금융업계에서 일하는 사람에게 물어보는 것이 빠르고, 인터넷에 대해 알고 싶다면 컴퓨터업계에 종사하는 사람을 찾아가는 것이 빠르다. 책을 읽는 것보다도 더 알기 쉽게 가르쳐줄 수도 있고, 적당한 입문서를 추천해줄 수도 있다.

나 역시 다양한 분야의 사람들과 만나 이야기하는 동안 많은 정보를 얻는데, 그 덕분에 경제나 외교나 문화 등 다양한 분야의 핵심정보가 만들어졌다. 출판사 편집자와 이야기할 때도 도움이 되는 정보를 얻을 수 있다.

전문가만이 유용한 정보를 주는 것은 아니다. 이제 막 그 분야를 공부하기 시작한 사람들이나 이제 막 전문가 수업을 시작한 사람에게서도 배울 것이 있다. 특히 이들은 우리가 잊고 있어 사용하지 않거나 미처 배우지 못한 매뉴얼이나 입문 노하우를 가르쳐줄 훌륭한 교사이다.

예컨대, 인터넷으로 입문 수준의 내용을 검색하고 싶을 때에는 검색창에 '○○'이라고 단순 단어를 입력하는 것보다 '○○이란'을 입력하는 것이 더 좋다고 한다. 인터넷 기초 입문서에는 이런 정보까지 나올지 모르지만, 이미 오랫동안 인터넷을 사용해온 사람이 입문서를 찾아 읽게 되지는 않는다. 상대가 전문가가 아니라 해도 내게 없는 정보를 가지고 있을 가능성은 얼마든지 있다.

전문가이든 아니든 내게 유용한 정보를 줄 사람은 많다. 다른 사람에게 묻고 귀기울여 듣는다면, 이것이 정보를 얻는 가장 효율적인 방법이 될 수도 있다.

물론 다른 사람에게는 우리 역시 유용한 정보를 얻을 수 있는 정보원이 된다. 상대에게 기꺼이 제공할 수 있는 정보가 많은 멋진 사람이 되길 바란다.

02
정보를
정리하는
테크닉

 **요약하지 않으면 쓰레기가 된다**

범람하는 정보를 어떻게 관리할 것인가? 일단 버릴 것을 버렸다 해도 정리해두지 않고 쌓아둔 정보는 쓰레기더미와 다를 바 없다. 정보에 묻혀버리지 않기 위해서는 반복해서 말했지만 정보의 줄기를 만들어두어야 한다. 굵은 줄기를 만들고 지엽적인 정보를 붙여 나간다면 효율적인 정보체계가 만들어진다.

일단 줄기를 만들어두면 정보를 요약하는 포인트는 쉽게 발견할 수 있다. 지엽적인 정보 역시 '무슨 말을 하고 싶은 건가?' 혹은 '요점은 무엇인가?'를 생각하면서 읽어 나간다면 이미 가지고 있는 정보의 줄기를 튼튼하게 만들 수 있을 것이다.

정보를 요약할 때 30대에게 있어 중요한 점은, 몇 개의 가지를 더 만들어두어야 한다는 것이다. 예컨대, 금융업계에 종사하고 있는 사람이라면 금융이라는 굵은 줄기 이외에, 금융과 관련된 재무나 부동산 혹은 법무나 마케팅이라는 가지도 만들어두면 정보의 범위가 넓어진다.

세븐일레븐 재팬 회장 겸 CEO인 스즈키 도시후미 씨는 유통·소매 분야뿐만 아니라 통계나 심리학 방면에도 밝다. 소비자를 이해하기 위해 통계나 심리학이라는 가지를 만들어 가지고 있는 것이다. 정리한 정보 줄기와 가지를 몇 개씩 가진 사람은 그만큼 활약할 찬스 또한 넓어지게 될 것이다.

 분류는 대강의 카테고리로

정보를 구체적인 카테고리로 나눠두면 좋겠지만, 그 일에 너무 빠져드는 것은 피해야 한다. 대량의 정보를 하나하나 카테고리를 나누는 데 드는 시간이 아깝기 때문이다. 일단 대강의 카테고리로 나누어 정리할 정보를 선택한다. 그리고 그 외의 지엽적인 정보는 카테고리 분류를 하지 않고 필요에 따라 다시 검색하는 것이 좋다.

대강의 카테고리로 정보를 분류하라는 것은 그것만으로도 충분하기 때문이다. 앞서 말한 정보의 줄기를 가지고 있기만 하면 쇠붙이가 자석에 붙는 것처럼 자연스럽게 정보가 카테고리로 분류된다.

정보를 정리하지 않으면 쓰레기더미가 되지만, 그렇다고 정리에 너무 주력하는 것은 시간과 인력의 낭비이다. 중요한 것은 정보의 줄기와 가지를 만들어 유용하게 쓰는 것이지, 정리 그 자체는 아니다.

 ## 일단 추리고 다시 보라

예전에는 신문기사를 스크랩해서 정리하는 사람들이 꽤 많았다. 그러나 대부분이 시간 낭비라는 생각이 들었다. 스크랩한 뒤에 그것을 다시 펼쳐보는 사람은 의외로 적다. 만드는 것에만 에너지를 쏟고 활용하는 일에는 소홀한 것이다.

물론 요즘은 학생들이 아닌 다음에야 스크랩하는 경우가 많지 않다. 시간을 들이지 않아도 인터넷으로 검색하면 원하는 신문기사를 금방 찾을 수 있게 되었다. 미처 보지 못하고 놓친 기사까지 모두 추려낼 수 있고, 구독하지 않는 신문도 검색할 수 있다. 게다가 이미 카테고리로 나누어져 있기 때문에 스크랩북을 만들 이유가 없다.

시간과 노동력을 들이는 것보다도 돈으로 기사를 사는 것이 더 이득이다. 자신의 시급을 생각한다면 스크랩북 만드는 데 시간을 낭비하기보다는 기사를 사는 것이 아마 더 쌀 것이라고 생각한다.

정보 활용을 시간이라는 측면에서 볼 때, 중요한 것은 '정보정리 시간+정보검색 시간'이다. 이 둘을 합한 시간을 최소화하는 사람이 승자가 된다. 정보정리에 공을 들이면 검색시간은 짧아지지만 대량의 정보를 정리하려면 거기에 너무 많은 시간이 걸린다. 반면,

정리를 전혀 해두지 않으면 매번 다시 검색해야 하고 이미 본 자료를 다시 찾아야 하는 경우도 생겨 역시 너무 많은 시간이 걸린다.

따라서 정리시간과 검색시간의 합계시간을 염두에 두면서 최소한으로 줄이는 방법을 강구해야 할 것이다.

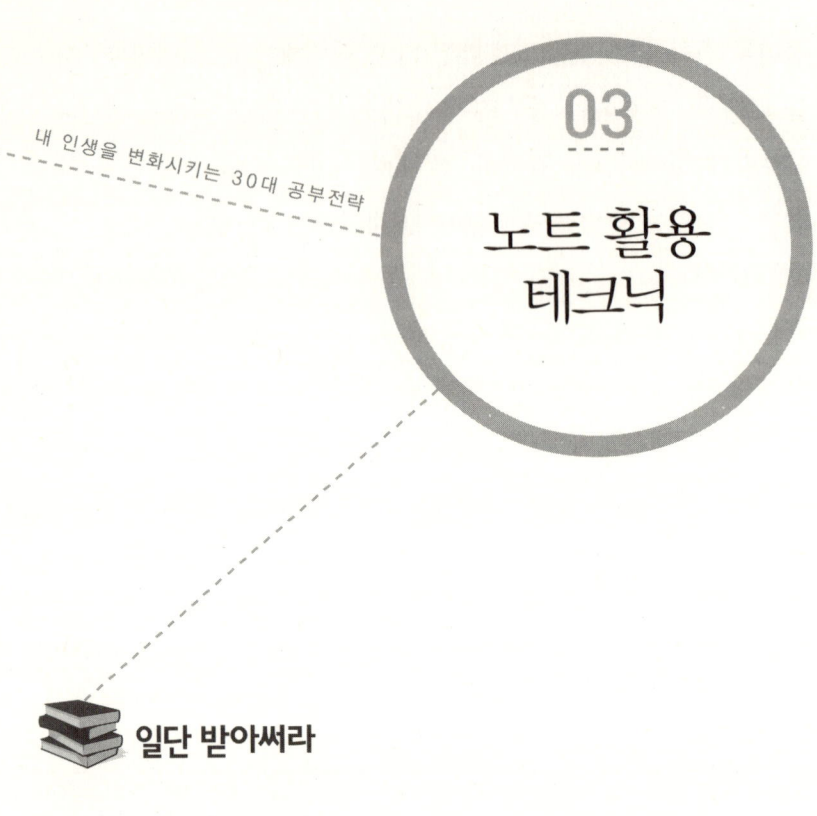

03

노트 활용
테크닉

일단 받아써라

학교를 졸업하고 직장인이 되었다고 해서 강의를 들을 일이 없는
것은 아니다. 개인적으로 공부하기 위해 학원에 다닐 수도 있고,
정기적이든 비정기적이든 회사에서 주최하는 강연회에 참가하는
경우도 있다. 게다가 인터넷이나 케이블TV로 보면서 들을 수 있는
강의도 날마다 다양해지고 있다.

　어떤 경우든, 강의를 들을 때에는 노트를 효과적으로 사용하는
테크닉이 필요하다. 보통은 노트를 사용하지 않거나, 사용한다고
해도 강사가 칠판에 쓴 요점을 옮겨 적는 정도에 그친다. 하지만
요점만을 써서 이해할 수 있는 사람은 이미 상당한 레벨의 지식을

가지고 있는 사람뿐이다. 일반적으로 입문하는 입장이라면 요점만으로는 내용을 이해할 수 없다. 내가 권하고 싶은 방법은 강사가 말하는 것은 모두 옮겨 적는다는 생각으로 계속해서 노트에 적어 내려가는 것이다.

수험생에게 노트의 사용법을 지도할 때 나는 선생님이 말한 농담도 포함해 전부 옮겨 적어라고 말해왔다. 예컨대, 선생님의 농담을 적어두면 그것을 계기로 내용이 더 선명하게 기억나는 경우가 많다. 힌트가 있으면 기억해내기가 더 쉬워진다.

반대로 요점만을 적는다면, 그 내용에 정통한 사람이 아닌 경우, 또 수업이 끝난 것과 동시에 복습을 반복하지 않은 경우에는 노트를 다시 읽어도 이해되지 않는 부분이 많다.

1시간짜리 강의를 들을 때 노트를 20~30페이지 정도 사용한다는 생각으로 계속 받아 적어야 한다. 처음에는 쓸데없는 일이라고 생각되겠지만, 일단 한번 적은 뒤 읽어보면 공부하는 데 얼마나 효율적인 방법인지 알게 될 것이다.

 ## 여백을 만들어라

노트에 필기를 했다면 반드시 다시 읽어봐야 한다. 나중에 다시 읽지 않는 노트는 별 의미가 없다. 다시 읽어보면 이해가 잘 되지 않았던 부분이나 더 공부해보고 싶은 부분이 나오기 마련이다. 그런 부분이 나오면 내용을 추가해서 적고 싶을 것이다. 그래서 필기할

여백을 활용하는 노트 필기법

1 자료가 있는 경우

여백을 확보한다.
→ 요점 등을 정리

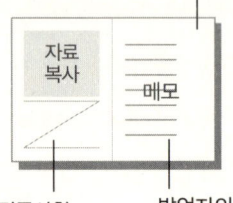

• 질문사항
• 강의의 테마
• 내가 바라는 점 등

발언자의
요지를 메모한다.

2 이야기가 중심을 이루는 경우

여백을 확보한다.
→ 나중에 요점 등을
  곳곳에 적어 정리
→ 코멘트를 적는다.

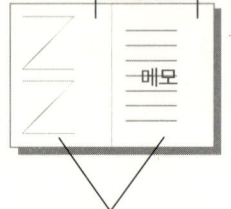

상대방 이야기 → 메모

3 인쇄물에 적는 경우

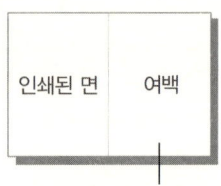

인쇄물에 없는
해설이나 요약을 위해
여백을 마련해둔다.

4 프린트를 설명하는 경우

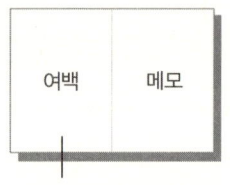

나중에 프린트를 붙인다.

> ※ 프린트에 여백이 있다면 프린트에 직접
> 필기하는 것이 효과적이다.

자료출처: 《하루 15분, 기적의 노트공부법》 (파라북스)

때는 여백을 만들어두는 것이 좋다.

강의를 들을 때에는 내용을 모조리 받아 적어야 하므로 요점을 정리하거나 포인트를 표시할 수 없다. 여백이 필요한 것은 이 때문인데, 노트를 다시 읽으면서 강의 내용을 자신만의 단어로 요약하거나 이해하기 쉽도록 그림이나 표를 만들어넣을 수 있기 때문이다. 이런 작업을 통해 비로소 노트 정리가 완성된다. 이 과정을 거치는 동안 이해가 깊어지는 것은 물론이다.

여기에서 강조할 부분은 마구 받아 적은 노트가 지저분해 보이더라도 다른 노트에 깔끔하게 다시 정리하거나 여백에 깨끗하게 다시 정리할 필요는 없다는 것이다. 물론 한가하다면 상관없겠지만 30대의 바쁜 사람에게는 그럴 시간이 없을 것이다. 그보다는 강의 노트를 몇 번이고 다시 읽어 신경 쓰이는 점이 있으면 그때마다 여백에 간단하게 메모를 해두는 정도가 좋다.

 강의 녹음, 필요할까?

강의를 들을 때 녹음하는 사람이 있는데, 녹음한 것을 정말로 다시 듣는 사람은 얼마나 될까? 대부분은 일부러 찾아듣는 일이 없을 것이다.

기자나 작가의 경우 취재할 때 녹음하는 경우가 많은데, 그들 역시 보통은 녹음한 내용을 다시 들으면서 문장으로 정리하지는 않는다. 녹음을 들으면서 문장으로 적는 것은 메모나 속기록을 보면서 정리하는 것에 비해 비효율적이다.

언제든 다시 들을 수 있어 효율적이라고 생각하기 쉽지만, 강의를 직접 들으면서 기록한 것에 비하면 상당히 비효율적인 작업이다. 예컨대, 한 시간짜리 강의를 복습하려 할 때 녹음을 듣는 경우 다시 한 시간이 걸리지만, 노트를 보면서 복습하면 10분이나 20분이면 끝난다.

어학 공부를 할 때에는 경우에 따라 녹음이 유용할 수도 있다. 하지만 그 외의 강의는 애초부터 녹음할 생각은 않는 것이 좋다. 오히려 강사의 한마디 한마디를 빠짐없이 받아 적는다는 생각으로 집중해서 필기를 하자. 그 편이 집중력을 유지하면서 강의를 듣고 강의 내용을 기억에 남기기 쉽다.

04

내 인생을 변화시키는 30대 공부전략

필요한 책을 고르는 테크닉

 입문서부터 읽어라

앞에서도 언급한 바 있지만, 공부를 시작할 때는 입문서부터 읽어야 한다. 전공 분야가 아니라면 더욱 그렇다. 책을 읽어도 내용을 이해하지 못하면 기억할 수도 없고 활용할 수도 없다. 따라서 남들의 시선은 신경 쓰지 말고 알기 쉬운 책, 기본적인 입문서부터 골라야 한다. 무엇보다 이해력을 높이는 것이 중요하다.

실제로 영어 관련 시험을 준비하는 사람들 중에는 중학생이나 고등학생용 참고서로 다시 공부하는 경우가 의외로 많다. 기초적인 것을 확인하려면 중학교나 고등학교 교과서나 참고서 역시 상당한 도움이 된다.

다른 과목 역시 마찬가지다. 사회나 과학의 경우에도 중·고등학교 참고서는 매우 이해하기 쉽게 만들어졌다. 요즘은 초등학생용 입문서도 꽤 알차게 구성되어 있다.

어찌되었든 자신이 이해할 수 있을 정도로 레벨을 낮춰 입문서부터 다시 공부하는 것이 득이 된다.

 ## 망설여진다면 일단 구입하라

서점에서 책을 고를 때, 살까 말까 고민되는 경우가 있을 것이다. 책의 경우 이렇게 망설여진다면 일단 구입하는 것이 좋다. 읽고 싶은 곳이 겨우 몇 페이지 정도밖에 안 되더라도, 아깝다고 여기지 말고 일단 사라.

그 몇 페이지를 그 자리에서 기억하는 것은 불가능할 것이다. 그렇다면 다시 한 번 그 내용을 보기 위해서는 다시 서점에 가야만 한다. 그에 소요되는 시간이 왕복 1시간이라고 할 경우, 정말로 아까운 시간이 아닐 수 없다.

당신의 시급을 생각해보라. 예컨대, 30대인 당신의 연봉이 600만 엔, 연간 노동일수 240일이라고 하면 하루 일당이 25,000엔이다. 또 8시간 노동을 한다고 하면 시급은 약 3,000엔이다. 당신의 1시간은 3,000엔의 가치가 있는 것이다.

1시간이라는 시간을 쓸데없이 사용한다고 생각하면 1,000엔짜리, 아니 2,000엔짜리 책이라도 사두는 것이 더 싸다. 그 1시간을 공부하는 데 쓰거나 잔업하는 데 쓰면 2,000엔 정도는 간단하게 회수할 수 있다. 책의 경우, '망설여질 때는 일단 구입한다'는 것을 원칙으로 해두자.

 ## 신뢰할 만한 저자 찾기

책을 자주 많이 읽다 보면 신뢰할 수 있는 저자를 만나게 마련이다. 같은 분야의 책을 고를 경우 그런 저자의 책은 당연히 우선순위에 오른다. 요컨대 저자에 대해 알아둘 필요가 있다는 것이다.

책을 자주 읽지 않는 경우, 혹은 그 분야에 입문하는 경우에도 마찬가지다. 신뢰할 수 있는 저자를 몇 사람 정도 알아두어, 그들의 책을 중심으로 삼으면 그 분야에 관해서는 누구의 책을 읽어도 대충 어느 정도 위치인지 보이게 된다.

내 경우에는 교육이라면 도쿄대학 교수인 카리야 타케히코나 니시무라 카즈오의 책을 고르고, 의료 문제라면 토라노몬병원 비뇨기과 부장인 고마츠 히데키의 책을 참고로 한다. 이들의 책에는 반드시 새로운 데이터가 들어 있고 의견도 일관성 있어 나로서는 신뢰가 간다.

물론 어떤 저자라 해도 신봉해서는 안 된다. 그저 신뢰할 만한 저자를 찾는 것이 좋다. 그러면 지식의 핵이 만들어져 공부나 정보 수집이 효율적으로 이루어지게 된다.

 ## 마음에 드는 서점 찾기

책을 찾을 때는 몇 군데 서점을 전부 돌아다니는 것보다도 마음에
드는 서점 한 곳을 정해두는 것이 좋다. 어떤 분야의 책이 어디에
진열되어 있는지 잘 알고 있어 원하는 책을 찾기도 쉽고, 어떤 책
이 새로 출간되었는지도 한눈에 들어오게 된다.

물론 사고 싶은 책이 정해져 있다면 어느 서점에 가든 점원에게
물어봐도 좋겠지만, 주제만 생각하고 책을 찾을 경우 잘 아는 서
점이 편리하다. 공부를 하다 보면 이런 경우는 많다. 대형 서점의
경우, 상품의 진열 위치를 바꾸는 일이 거의 없으므로 효율적으로
책을 찾으려면 대형서점 한 곳을 정해두는 것이 좋다.

 ## 빌리지 말고 사라

최근에는 도서관 도서검색도 인터넷으로 가능해져 도서관을 이
용하기가 더욱 편리해졌다. 도서관의 경우는 이미 절판된 책도 있
으므로 상당히 유용한 정보원이 된다. 게다가 어느 도서관이나 복
사할 수 있는 코너가 마련되어 있어 필요한 부분을 복사해올 수도
있다. 최근에 지자체에서 개관한 도서관의 경우는 서고 사이사이
에 책을 읽을 수 있는 아늑한 공간까지 마련해두고 있어, 필요한
부분을 그 자리에서 읽는 것도 가능하다.

하지만 책에 필요한 부분을 써넣을 수 없다는 단점이 있다. 효율

적인 공부를 위해 뭔가를 적으려고 한다면 그 부분을 모두 복사하는 수밖에 없는데, 양이 많을 경우에는 복사하는 데 시간이 많이 들 뿐 아니라 비용도 만만찮다.

그렇다고는 해도 이미 절판된 책이라면 다른 방법이 없다. 하지만 그렇지 않은 경우에는 서점에 가서 책을 사두는 것이 더 효율적이다. 자신의 책이라면 필요한 내용에 밑줄을 긋거나 메모를 하거나 끝을 접어 표시해둘 수도 있다. 또 언제든지 다시 읽을 수 있고 그때마다 자신이 해둔 메모나 표시를 보게 되므로 복습효과가 높아진다. 진정한 의미에서 책을 활용하기 위해서는 빌려읽는 것보다 구입하는 것이 좋다.

05

짧은 시간에
많이 얻는
독서 테크닉

 **필요한 부분만 정독한다**

앞에서도 잠깐 언급한 바 있지만, 내가 권하는 독서법은 '일부 정
독법'이다. 책을 사서 처음부터 끝까지 전부를 읽을 필요는 없다.
30대의 비즈니스맨에게는 읽어야 할 책은 많고 시간은 부족하다.
게다가 처음부터 끝까지 다 필요한 내용이 아닌 경우도 많다. 필요
한 챕터나 필요한 부분만 골라 읽으면 되는 것이다.

책을 읽을 때에는 우선 책의 차례를 살펴 내게 가장 필요한 정
보를 뽑아낸다. 그리고 그 부분만 정독하는 것이다. 우리가 원하
는 정보는 그 속에서 다 얻을 수 있다.

그렇다고 그것으로 그 책의 소용이 끝나는 것은 아니다. 그후에

는 필요에 따라서 사전처럼 사용하면 된다. 책의 개괄적인 내용만 기억하고 있으면, 필요할 때 다시 꺼내 읽으면 되는 것이다. 물론 이때에도 필요한 부분만 찾아 읽는다. 그 전에 읽은 내용과는 다른 부분이 필요한 경우도 있다. 그래서 일부만 읽고 책꽂이에 꽂아둔 책이라도 언제든 사전처럼 참고자료로 활용할 수 있는 것이다.

자신만의 책으로 바꾸어라

내 경우에는 읽는 동안 책에 여러 가지를 적어넣는다. 우선 중요하다고 생각되는 부분은 밑줄을 긋는데, 처음 읽을 때에는 빨간 선으로 긋고 두 번째는 파란 선을 긋는다. 이렇게 읽다 보면 밑줄 그은 부분이 상당히 많을 때도 있다. 대부분의 페이지에 선을 긋는다는 느낌까지 들게 된다. 하지만 선을 그어두면 다음에 읽을 때에는 읽을 부분이 적어도 3분의 2 정도는 줄게 되므로 효율적이다. 내가 그어놓은 빨간 줄과 파란 줄을 비교해 봐도 이것은 분명한 사실이다.

또 그 페이지에서 가장 핵심적인 내용이나 전체 흐름을 파악하는 데 도움이 될 만한 내용은 여백에 메모를 해둔다. 예컨대, 역사서를 읽는 경우 '왕 이름'을 적어 시대를 한눈에 알게 한다거나 '조세' 혹은 '문화' 등의 단어를 적어 다시 찾기 편하도록 만든다.

마인드맵을 이용해 내용을 도표화하거나 간단한 그림을 그려 넣을 수도 있다. 경제 관련 책이나 과학 관련 책의 경우 특히 유용한 방법이다.

요컨대, 한번 읽은 책은 서점에서 다시 구입할 수 없는 '나만의 책으로 만들라'는 것이다. 책의 활용 정도를 남다르게 향상하는 것은 물론 공부하는 데에도 능률적인 방법이다.

 ## 내용을 3가지로 분류하라

책을 읽다 보면 저자의 의견에 찬성하는 부분도 있고 찬성할 수 없는 부분도 있을 것이다. 또 의문이 나는 곳도 있을 수 있다. 따라서 책을 읽을 때에는 내용을 세 부분으로 분류하며 읽는 것이 좋다. 찬성, 반대, 의문이라고 표시를 해두는 것도 좋은 방법이다.

일단 의견이 맞는 곳을 열심히 읽고 싶어지겠지만, 그런 경우는 건너뛰어도 상관이 없다. 아니면 같은 의견을 어떻게 피력하는지를 살펴보는 정도로 읽어두는 게 좋다. 반면 의견이 맞지 않은 부분이나 의문이 나는 부분은 열심히 읽어야 하는데, 여기에서 생각의 폭을 넓히고 아이디어를 위한 힌트를 얻을 수 있기 때문이다.

반론을 펴는 것 역시 좋은 방법이다. 일부라도 반론할 수 있는 곳이 있다면, 글로 써보라. 한 편의 완성된 글을 쓰는 게 부담된다면 그 내용 옆에 반론의 근거를 보여주는 문장 하나를 쓰고 느낌표를 달아놓기만 해도 된다. 어떤 방법으로든 책을 읽고 자기 나름의 의견을 가지게 되는 것이므로 얻는 것이 크다고 할 수 있다.

의문이 나는 내용 역시 마찬가지다. 물음표 하나만으로 의문이나는 내용임을 표시할 수 있다. 그리고 만약 다른 곳에서 그 의문을 푸는 내용을 보았을 때 물음표 뒤에 그 내용을 적어 넣었다고 해보자. 겉모습뿐만 아니라 내용까지 나만의 책이 되지 않겠는가?

물론 그런 정도가 아니어도 상관없다. 의심하는 자세로 의문이 나는 곳을 찾아가면서 책을 읽는 것만으로도 충분하다.

7장·와다의 어드바이스   정보를 선택하고 활용하는 기술

+ 정보는 정리하는 것보다도 버리는 것이 중요하다.

+ 정보를 얻는 데 가장 효율적인 방법은 다른 사람에게 물어보는 것이다. 인맥을 하드 디스크로 활용하라.

+ 책을 살 때는 입문서든 교과서든 이해할 수 있는 것을 고르고, 망설여진다면 일단 사라.

+ 효율적으로 정보를 수집하기 위해 장르마다 신뢰할 수 있는 저자를 찾아두라.

+ 책은 처음부터 끝까지 전부 읽을 필요는 없다. 참고가 될 만한 부분만을 골라 읽어라.

Study Methods for Over 30s

자격증 시험
합격 포인트 20

01
목표는
만점이 아닌
합격

이번 장은 자격증 시험을 대비해 공부하고 있는 사람들을 위한 것이다. 30대에 도전하는 자격증 시험이라면 특히 단번에 합격해야 한다. 여러 번 도전하면서 시간을 보낼 만큼 여유 있는 것은 아니기 때문이다. 그래서 이번 장에서는 자격증 시험에 단번에 합격하기 위한 포인트를 20가지로 나누어 설명하려 한다.

하지만 '합격 포인트 20'을 소개하기 전에 우선 대학입시를 준비하던 당시를 떠올려보자. 당시의 경험을 살려보자는 의미에서다.

편차치(우리나라의 경우 전국 등급 정도에 해당된다—옮긴이)를 생각하면 어려운 것처럼 보이는 대학입시도 합계점수를 위주로 생각하면 상황은 달라진다. 예를 들어, 도쿄대학 의학부에 들어가기 위해서는 전국에서 90등 이내에 들어야만 한다. 편차치는 80 정도(상위 0.13% 정도—옮긴이) 얻어야 한다. 전국 90등 이내라든가 편차치 80이라고 하면 손에 잡히지 않는 느낌이 들 것이다. 그러나 합격을 위한 최저점수만 통과하면 합격한다는 점에 주목해, '440점 중 290점'이라는 목표를 설정한다면 불가능할 것도 없다는 생각이 들 것이다.

여기서 중요한 점은 도쿄대학 2차 시험의 경우, 440점 만점 중 합계 290점을 획득하면 의학부에 합격한다는 것이다. 이제 필요한 것은 전략이다. 만약 국어를 잘 못해서 80점 만점에 20점밖에 얻지 못해도 나머지 과목에서 270점(360점 중에)을 따면 합격할 수 있다. 이렇게 생각하면 전국에서 90등 이내라는 너무나도 먼 꿈을 쫓는 것보다 훨씬 마음이 편해지고 구체적인 방법이 눈에 들어오게 된다.

이런 방법으로 입시를 대비한다면 평소 실력으로는 어려웠던 합격이 가능해진다. 수학을 잘하는 사람은 수학에서 점수를 따고, 영어를 잘하는 사람은 영어에서 점수를 딴다. 시험에 나오지 않는 과목은 과감히 버리고, 잘 못하는 과목은 딸 수 있을 만큼만 딴다는 목표를 세우는 것이다.

센터시험(우리나라 수능과 비슷한 입시체제—옮긴이)의 도입으로 대학입시 전략을 세우는 게 조금은 복잡해졌지만, 도쿄대학의 경우 입시의 진수는 잘하는 과목을 잘 살려준다는 데 있다. 문과 합격자 중에 수학이 0점인 사람도 있고, 이과 합격자 가운데 국어를 0점 받은 사람도 더러 있다.

요컨대, 시험에 합격하기 위해 필요한 합계점수가 얼마인가를 따져 입시 전략이나 전술을 세워야 한다는 말이다. 자격시험에서도 과목별 과락이 없는 경우라면 합계점수를 위주로 하는 전략을 사용할 수 있다. 만점을 받을 필요도 없고 모든 과목을 다 잘할 필요도 없다. 자신 없는 과목은 버리고 잘하는 과목을 잘 살려 합격 최저점을 통과하면 되는 것이다.

이제 '자격증 시험 합격 포인트 20'을 하나하나 살펴보자.

02
어떤
자격증을
선택할 것인가?

point 1 분명한 목적

대학입시의 경우 합계점수를 위주로 전략을 세울 때 가장 중요한 것은 지망하는 학교다. 지망하는 학교가 정해지지 않는 한 대책은 세울 수 없다.

사립대학이라도 수험과목 수, 출제범위, 출제경향에서 차이가 난다. 학교에 따라 영어시험에 듣기평가가 포함되기도 하고 포함되지 않는 경우도 있다.

자격증 시험을 치를 때도 마찬가지다. 어떤 자격증을 목표로 할 것인가, 유학을 대비하는 것인가 등 공부의 목적을 확실하게 해두지 않으면 대책을 세울 수 없다.

일의 스킬을 향상시키려는 경우에도 마찬가지다. 가장 먼저 회사가 요구하는 일의 레벨이 어느 정도인지를 확실하게 해두어야 한다.

자신이 무엇을 원하고 있는지, 무엇을 해야만 하는지를 명확히 하는 것이 첫 번째 단계다.

경험을 살리는 분야

30대에게는 10대나 20대, 혹은 40대와는 다른 강점이 있다. 아직 젊을 뿐만 아니라 어느 정도의 경험까지 갖추고 있다는 사실이다. 따라서 지금까지의 인생경험을 살릴 수 있는 학문분야를 선택하는 것이 좋다.

예컨대, 인사부문에 몸담은 사람이라면 인사와 관계있는 노무관계 관련 자격증이나 심리학과 관계된 자격증을 목표로 한다면 어느 정도 경험을 살릴 수 있을 것이다. 경리부문에 몸담은 사람이라면 공인회계사나 세무사 자격증을 목표로 하면 되고, 법무에 관련된 일을 하는 사람은 비즈니스 법무나 사법시험을 목표로 삼으면 된다.

전혀 새로운 분야에 도전하는 것도 좋지만, 지금까지의 경험에 뿌리를 둔 분야를 더욱 깊이 있게 해나가는 것이 20대 라이벌들과 비교해 경쟁력 있는 도전이 될 것이다.

장래성과 보편성

자격증 시험에 도전하기 전에 또 하나 해야 할 일은, 지금까지 시기별로 사회가 원한 자격증이 어떤 것들인지 살펴보는 것이다. 사회의 추이를 잘 살펴 이득이 될 만한 자격증을 목표로 해야 한다는 말이다.

물론 자격증을 따기까지의 과정과 기간도 충분히 검토하지 않으면 안 된다. 예컨대, 앞으로 의료 분야는 계속 발전해 나갈 것이므로 의사 자격증은 상당히 메리트 있는 것은 사실이지만, 공부하는 기간이 적어도 10년은 걸린다. 실제로 활동을 할 수 있는 시기가 40세 이후라면 재고할 필요가 있다.

MBA 유학의 경우도 마찬가지다. 유학에 필요한 돈을 모으는 데 2년, 어학연수에 실제 유학기간까지 생각하면 최소 5년은 필요하다. 아무리 MBA 학위를 가지고 있어도 전직하기 힘든 연령대가 될 수도 있다.

또 앞에서 예로 든 의사 자격증이나 MBA 유학의 경우는 일반적인 장래성은 있을지 모르지만 보편성 때문에 문제가 될 수 있다. 5년 후나 10년 후에는 MBA 출신이나 의사 수가 늘어나 그 가치가 상대적으로 내려갈 수도 있다는 말이다.

따라서 자격증 시험에 도전하기 전에, 그 자격증을 따는 시점의 자신의 연령과 더불어 장래성은 있는지, 너무 보편적인 자격증이 되지는 않을지 따져봐야 한다.

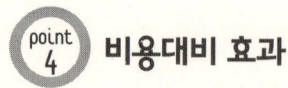

point 4 비용대비 효과

최근에는 임상심리사 시험이 상당히 인기가 높다. 그렇지만 그 자격증을 따고자 하는 사람이 늘어난 것에 비해 현실적인 도움은 그다지 되지 않는 자격증 중 하나다.

예를 들어, 병원에 근무하는 경우 대학원을 나온 임상심리사라도 간호사보다도 월급이 낮다. 의료보험의 적용을 받지 않는 분야이기 때문이다. 임상심리사 자격은 비용대비 효과의 관점에서 보자면 별 메리트가 없는 것이다.

현재 임상심리사나 의료심리사를 국가 공인자격으로 만들자는 안이 검토되고 있지만, 보험수가가 낮게 책정될 가능성이 높아 수입은 지금과 별 차이가 없을 듯하다. 그보다는 방문간호를 해주는 간호사가 오히려 더 메리트 있다. 월급도 높고 개업할 수도 있다.

단, 앞으로 상황이 달라질 가능성이 없다고는 말할 수 없다. 기업들이 매니지먼트나 마케팅에 심리학을 도입하기 위해 전문가를 고용하겠다고 나서면 상황은 완전히 달라진다.

어찌되었든 지금 상황으로는 임상심리사에 비해 주택관리사가 따기도 쉽고 메리트도 크다. 게다가 수요도 늘고 있다. 1억 엔짜리 건물을 움직인다면 몇 백만 엔의 수수료 매상을 올릴 수 있다고 하니, 손해 볼 일은 없을 듯하다.

요컨대, 자격증을 따려 할 때에는 그에 소요되는 시간이나 비용대비 효과를 따져 보아야 한다는 말이다.

point 5 합격 가능성

붙을 가능성이 높은 자격증에 도전해보는 것도 한 방법이다. 우선 자신이 잘할 것 같은 분야의 자격증 시험 기출문제집을 한번 풀어보자. 그렇게 하면 가능성이 있는지, 생각보다 어려운지 판단할 수 있게 된다.

조금만 공부하면 합격이 가능할 것이라고 판단되면 일단 따두는 것이 좋다. 문제집을 풀면서 예상만큼 재미있는 분야가 아니라고 생각하게 되었다고 해도, 붙을 것 같은 자격증은 따둔다. 한번이라도 자격증 시험에 합격하면 자신감이 생기고 시험의 구조도 알게 되어, 공부하는 방식도 눈에 들어오게 되기 때문이다. 최종목표인 자격증에 도전하기 전에 단계를 나누어 처음에는 붙기 쉬운 것부터 따는 것도 좋은 방법이다.

하지만 무엇보다 중요한 점은 좋아하는 일이 아니라 잘할 수 있는 일을 하는 것이다. 잘할 수 있는 일에 도전하면 그만큼 합격할 가능성이 높고 나중에 직업이 되었을 때에도 능력을 발휘해 성공할 가능성도 높아진다.

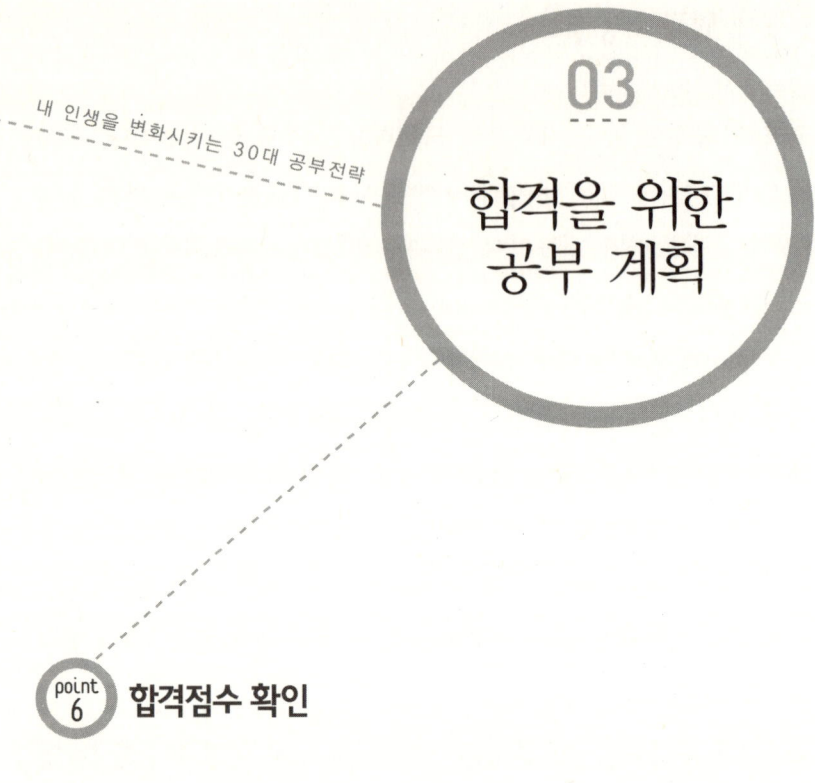

03 합격을 위한 공부 계획

point 6 합격점수 확인

이제 우리는 무엇을 할 것인지, 어떤 자격증 시험에 도전할 것인지 결정했다. 목적(목표)을 설정했다면 절반은 성공한 셈이다. 그 다음 해야 할 일은 합격하고자 하는 자격증 시험의 합격 최저점수를 아는 것이다. 앞에서 언급한 것처럼 합격 최저점수는 합격을 위해 가장 먼저 알아야 하는 정보이다.

만약 합격점수를 발표하지 않는 시험이라면, 전문학원에 상담해보거나 동료들과 의견을 나눠보면 대략의 점수는 파악할 수 있다.

일단 합격 점수를 안 다음에는 기출문제집을 풀어봐서 최저점보다 몇 점이 부족한지 파악해둔다.

212

point 7 기출문제 활용

대학입시든 자격증 시험이든 기출문제집을 적극적으로 활용해야 한다. 갑자기 기출문제집부터 푸는 것은 무모하다고 생각할지도 모르지만, 자신의 일과 관계있는 자격증이라면 처음부터 기출문제집을 사서 푸는 것도 좋은 방법이다. 그러면 어느 부분을 잘하고 어느 부분이 부족한지 파악할 수 있기 때문이다.

그런 다음에는 기출문제집을 푼 결과를 바탕으로 상세한 계획을 세워야 한다. 잘할 수 있는 분야와 극복할 수 있는 분야, 어려운 분야 등 각 분야에 맞는 상세하게 계획을 세워서 그에 맞춰 공부해 나가야 하기 때문이다.

그렇게 계획에 맞춰 1~2개월 동안 공부한 후 다시 기출문제를 풀어보자. 그동안의 공부가 어느 정도 성과를 이루었는지 살펴보는 것이다.

이처럼 기출문제, 교재 및 참고서, 기출문제…… 식으로 반복하도록 계획을 잡으면, 학생시절과 같은 시험은 없어도 성적을 관리할 수 있는 효율적인 공부방식이 될 것이다.

신설된 자격증 시험의 경우는 5년 정도는 기출문제집이 나와 있지 않을 것이므로, 기출문제를 푼다는 생각으로 1회 시험에 응시해보는 것도 좋다.

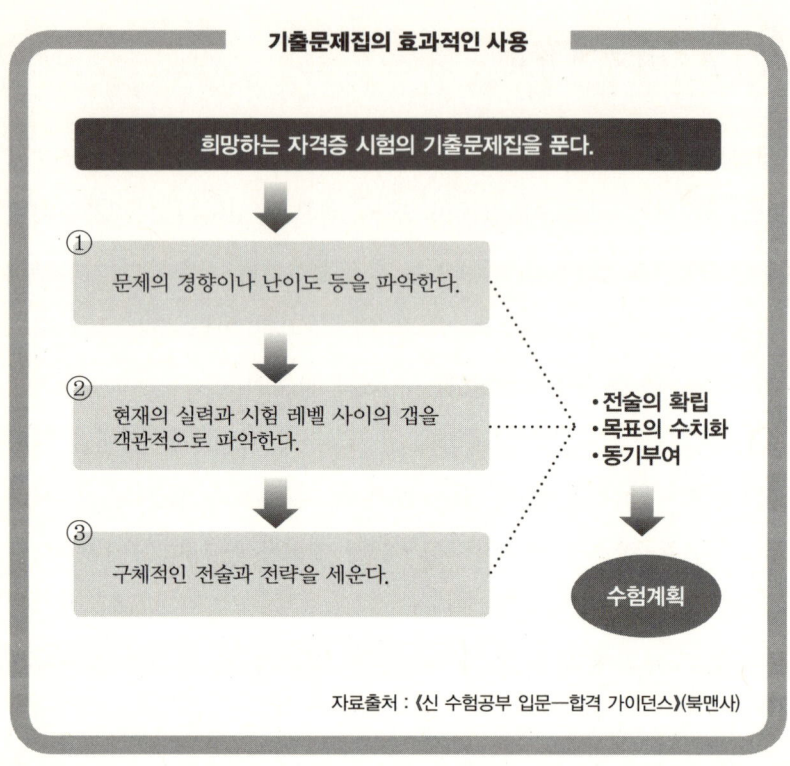

기출문제집의 효과적인 사용

희망하는 자격증 시험의 기출문제집을 푼다.

① 문제의 경향이나 난이도 등을 파악한다.

② 현재의 실력과 시험 레벨 사이의 갭을 객관적으로 파악한다.

③ 구체적인 전술과 전략을 세운다.

• 전술의 확립
• 목표의 수치화
• 동기부여

수험계획

자료출처 : 《신 수험공부 입문—합격 가이던스》(북맨사)

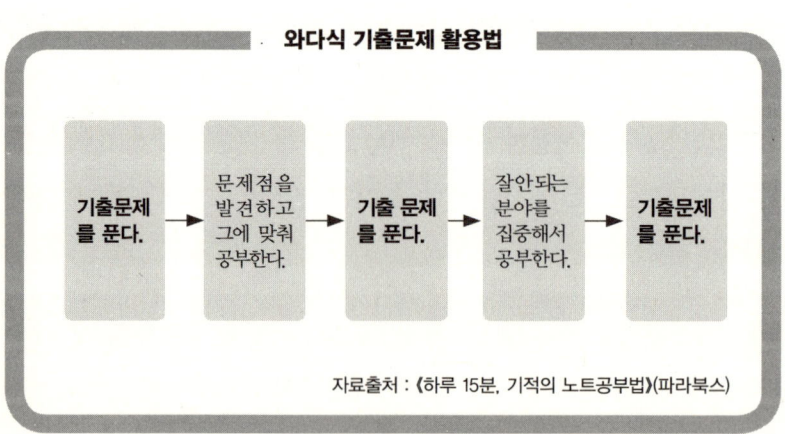

와다식 기출문제 활용법

기출문제를 푼다. → 문제점을 발견하고 그에 맞춰 공부한다. → 기출 문제를 푼다. → 잘안되는 분야를 집중해서 공부한다. → 기출문제를 푼다.

자료출처 : 《하루 15분, 기적의 노트공부법》(파라북스)

214

point 8 학원의 선택

자격증 시험을 중점적으로 지원하는 교육기관에 등록해 공부하는 것도 방법이다. 요즘은 직장인 지원 프로그램이 많아 잘 활용하면 저렴한 수강료로 자격증 과정을 수강할 수 있다.

우리나라의 경우 근로자 수강지원금, 재직근로자 훈련, 근로자 능력개발 카드제 등이 시행되고 있다.

근로자 수강지원금 제도는 근로자가 스스로 직무능력 향상을 위해 자비로 수강할 경우 수강료의 50~80%까지 지원해주는 제도로, 특히 그동안 능력개발 훈련에 소외되어온 중소기업 종사자나 계약직, 40세 이상의 근로자들에게 혜택을 주기 위해 마련되었다.

재직근로자 훈련 제도는 사업주가 재직근로자의 훈련비용을 부담하는 경우 노동부 장관으로부터 지원을 받는 제도이다. 또 근로자 능력개발 카드제는 고용보험에 가입한 비정규직 근로자가 고용지원센터에 직업능력 개발 훈련과정을 수강할 수 있는 카드를 신청 발부받아 노동부 장관 인정 훈련과정을 수강할 경우 훈련비용이 지급되는 제도다.

_편집부

학원과 같은 교육기관을 선택할 때에는 합격생을 몇 명 배출했느냐는 그다지 도움이 되지 않는다. 지원자 150명 중 100명이 합격한 학원과 2,000명 중 100명이 합격한 학원은 그 가치가 완전히 다르다. 따라서 학원을 선택할 때에는 지원자 몇 명 가운데 합격자 몇 명을 배출했는지를 보여주는 합격률을 알아봐야 한다.

또 하나 체크해야 할 점은 합격자들이 평균 몇 년 만에 합격했는지이다. 100명 합격자가 평균 3년 만에 합격한 학원과 평균 5년 만에 합격한 학원이 있다면 당연히 전자 쪽을 선택해야 하기 때문이다.

즉, 학원을 선택할 때에는 합격률과 합격에 소요되는 평균기간, 둘 다를 알아보는 것이 좋다.

 브랜드보다 소프트웨어

합격률과 합격 소요기간과 더불어 교육기관을 선택할 때 염두에 두어야 할 점은 '브랜드보다는 소프트웨어가 우선'이라는 것이다. 이것은 학원과 같은 교육기관뿐만 아니라 공부를 위해 대학원이나 전문학교에 진학하려 할 때에도 중요한 부분이다.

예컨대, 로스쿨 같은 학교를 고를 때 학교의 이름만으로 판단해서는 안 된다는 말이다. 로스쿨의 경우는 아직 실적이 나와 있지 않지만 도쿄대학이 반드시 1위라고는 할 수 없다. 또 임상심리사를 목표로 할 때, 임상심리학 코스는 지금 막 생긴 도쿄대학 대학원보다도 좋은 곳이 몇 군데가 있다. 대학원의 경우는 뛰어난 선생님이 있는 곳을 고르는 것이 더 많이 얻는 방법이 되기도 한다.

교육기관은 브랜드보다 가르치고 있는 내용, 즉 소프트웨어로 선택해야 한다.

ⓟⓞⓘⓝⓣ 10 공부의 롤모델

시험을 대비하는 경우, 공부 테크닉으로는 성공한 사람의 노하우를 따라하는 게 가장 현명하다. 수험전문 학원에 다닌다면 선배들 중에 성공한 사람이 있어 그 노하우를 배울 수 있을 것이다. "기출문제를 반복해서 풀었더니 합격했다"라든지, "이 책을 읽어두면 도움이 될 것이다" 등의 다양한 노하우가 있을 수 있다.

교육기관에 다니지 않는 경우라 해도, 주변 사람 중 합격자가 있다면 그 사람에게서 공부방식을 들어보는 것이 좋다. 보다 효율적으로 공부하려면 성공한 사람을 롤모델로 삼고 그의 노하우를 흉내 내야 한다.

04

공부하는 데
필요한 환경

point 11 공부 준비는 최소화

계속해서 강조하지만 수험공부에는 전략이 필요하다. 그러나 전략이나 계획을 세우는 데에만 시간을 들여서는 의미가 없다. 계획이란 공부를 하면서 보다 효율적으로 바꾸어 나가야 하는 것이다. 처음부터 완벽하게 잡을 수도 없고, 거기에 수고와 시간을 빼앗길 수는 더더욱 없다.

성인의 경우 수험공부를 하기에 앞서 세세한 계획을 세우기보다는 대강의 계획을 세워두는 편이 낫다. 예컨대, '아침에 1시간, 퇴근 후 2시간, 매일 3시간은 공부한다'는 식으로 정해도 일의 상황에 따라 지키기 힘든 경우도 있다. 따라서 성인의 경우에는 언제까

218

지 어느 부분을 공부하겠다는 식으로 대강의 계획을 세우는 것이 좋을 것이다.

경제적 대비

공부를 하려면 돈이 든다. 일반적으로 우리가 잘 잊고 생각하지 못하는 사실이다. 자격증 시험을 대비하는 경우에는 더욱 그렇다. 합격할 확률을 높이기 위해 학원에 갈 경우 수강료에 교통비 등이 필요하다. 단기간 시험 준비에 집중하기 위해 회사를 휴직하는 경우에는 생활비도 필요하게 된다. 또 필요한 만큼 책이나 교재를 사는 데에도 돈이 필요하다. 게다가 일하면서 공부해야 하므로 시간을 확보하기 위해 드는 돈도 있다. 어느 정도의 돈을 준비해두지 않으면 자격증 시험에 도전하는 게 어려워질 수도 있다.

그렇다고 시험을 대비하는 동안 돈이 없어 아르바이트를 해야만 한다면 공부시간을 빼앗기게 된다. 자격증을 따기 위해 돈은 미리 충분히 저금을 해서 준비해두어야 한다.

특히 전문 교육기관에 다니는 경우에는 더 많은 돈이 든다. 로스쿨의 경우, 1,000만 엔이라는 숫자가 이미 눈에 들어오게 될 것이다. 해외 비즈니스 스쿨에 가는 경우도 2년간 1,000만 엔 정도는 들어간다. 그뿐만이 아니다. 그동안 생활비도 필요하다.

그렇지만 어려운 자격증 시험일수록 합격했을 때 얻는 메리트도 크다. MBA 학위를 따고 돌아오면 전직을 해서 연봉 600만에서

1,000만 엔으로 인상될 수도 있다. 어찌되었든 공부를 하는 데 든 돈은 몇 년 지나면 회수할 수 있을 거라는 예상을 할 수 있다.

자격증 시험이든 유학이든 투자금액과 회수할 금액을 잘 검토해서 필요한 투자는 아까워하지 말아야 한다.

가족과 동료의 이해

일하면서 자격증 시험을 대비하기 위해서는 가족과 보내는 시간은 거의 포기해야 하므로, 가족들의 이해는 절대적으로 필요하다. 아이들이 있는 경우, 연령에 따라 다르긴 하겠지만 아이들에게도 어느 정도는 이해를 시켜두어야 한다.

직장에서도 마찬가지다. 일에 지장을 주지 않으려고 노력해도, 주위 사람들에게 부탁을 해야 하는 경우가 생길 수 있다. 게다가 시험일이 가까워오면 이런 일은 더욱 잦아질 것이다. 따라서 주변의 이해와 협력이 필요하다.

예컨대, 경리부에 몸담은 사람이 세무사 자격증을 따기 위해 공부한다고 하면 적극적으로 응원해줄 수도 있다. 하지만 그렇지 않은 경우라 해도 주위 사람들에게서 열심히 하라는 격려를 들을 정도의 인간관계는 만들어두는 것이 좋다.

자격증 시험에서는 의외로 인간관계가 중요하다는 것을 이해해야 한다.

05

시험 대비
마무리 전략

point
14 **모의고사**

모의고사는 기출문제를 대신하는 것이다. 특히 자격증 시험 학원에서는 문제가 공표되지 않는 시험이라도 수험생들에게 정보를 모아 기출문제집에 가까운 것을 만들어놓기도 한다. 아니면 과거 출제위원이었던 사람을 강사로 고용하는 학원도 있다. 이런 정보들을 모아 만들어진 문제를 모의고사에 내놓는 것이므로 모의고사의 완성도는 상당히 높은 편이다. 기출문제집을 풀어보는 것과 같은 효과가 있다. 따라서 모의고사는 반드시 쳐봐야 한다.

　자격증 시험의 모의고사 경우, 대학입시 모의고사와는 달리 순위에는 신경을 쓰지 않아도 된다. 합격하는 데 몇 점이 부족한지, 어느 부분의 점수를 높여야 하는지만 봐두면 된다. 또 모의고사는 페이스메이커가 되기도 한다.

박차를 가할 막바지 단계

공부하는 사람이라면 누구나 맛볼 수 있는 희열은 '알기 시작하면 빠르게 성장한다'는 것이다. 이해가 되기 시작하면 페이스는 점점 빨라진다. 박차를 가해야 할 때일수록 집중력도 높아지고 머리에 들어오는 내용도 많아지므로, 최후의 최후까지 악으로 버텨야 한다. 마지막 1개월 동안 급격하게 실력이 느는 사람은 의외로 많다.

박차를 가해야 할 마무리 기간에는 이해력도 높아지고 공부의 효율도 가장 좋은 시기이다. 시간당 공부할 수 있는 양도 늘어난다. 이 시기를 놓치지 않고 철저하게 공부해야 하는 이유다.

일주일 전 전략

마무리 기간에는 페이스가 상승하기 때문에 마지막 일주일은 회사를 쉬면서 공부하는 것도 생각해봐야 한다. 시험 전 마지막 일주일은 마감효과 덕분에 하루 12시간이든 14시간이든 꿈쩍 않고 공부할 수도 있을 것이다. 그처럼 집중력 높은 시기에는 회사를 쉬는 것도 한 방법이다.

단, 밤새 공부하는 것은 피해야 한다. 밤샘 공부로 인해 육체적으로나 정신적으로나 힘들어지면 가장 집중력 높은 시기인 마지막 일주일을 망쳐버릴 수도 있다.

과락이 있는 자격증 시험의 경우에는 마지막 일주일을 잘 못하는 분야에 집중 투자해야 한다. 하지만 과락이 없다면 잘하는 분야를 중심으로 확실하게 점수를 벌 수 있는 곳을 중점적으로 공부해둔다.

시험 직전인데, 교재를 처음부터 일관되게 다시 살펴보는 것은 어리석은 일이다. 그렇게 느긋할 시간이 없다. 시험 직전에는 나올 것 같은 부분만을 좁혀 공부해야 한다.

합격을 위한 마지막 전술

시험이라는 것은 실력만으로 되는 일이 아니다. 전략, 전술은 물론이고 정신력도 중요하다. 시험 당일을 위한 전술로서 '시험장에서 어떤 문제부터 풀 것인가'를 미리 생각해둬야 한다.

계산문제와 생각하는 문제가 있다면 어느 것부터 먼저 풀어야 점수를 더 딸 수 있을지, 아니면 지식을 묻는 문제를 먼저 풀 것인지, 어떤 문제에서 몇 점 정도를 노리면 될 것인지 등등 전술을 세워두면, 시험장에서 패닉 상태에 빠질 위험을 줄이고 성공적으로 시험을 치르게 될 것이다.

시험 당일 필요한 정신적인 강인함을 위해 이런 전술적인 배려가 반드시 필요하다.

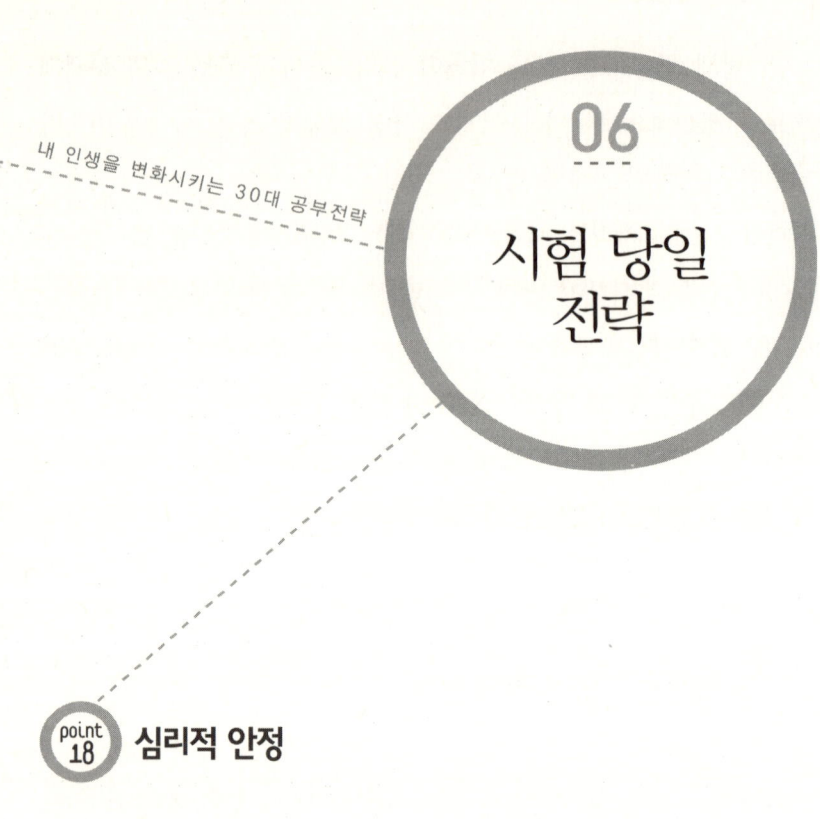

06

시험 당일
전략

point
18

심리적 안정

시험 당일 흥분되는 것은 어쩔 수 없는 일이다. 약간의 흥분은 오히려 도움이 된다. 긴장을 유지하고 머리도 깨어 있게 만든다.

가장 문제가 되는 것은 흥분이 너무 심해 패닉에 빠지는 경우다. 이것을 막기 위해 'point 17. 합격을 위한 마지막 전술'이 필요한 것이다.

흥분이 고조되는 것을 막기 위해 우선 쉬운 문제부터 풀어야 한다. 한 문제라도 쉽게 풀고 나면 침착해지기 때문이다. 만약 90분간 5문제를 풀어야 한다면, 처음 5분 동안 서비스 문제를 한 문제 풀고 나머지 85분 동안 4문제를 풀면 된다.

애초부터 한 문제는 버리고 80점만 맞겠다고 생각한 사람이라면 85분간 3문제를 풀면 된다. 이런 전술은 마음을 상당히 편하게 해준다. 90분간 5문제를 푸는 것과 85분간 3문제를 푸는 것은 상당한 차이가 있다. 생각에 따라 심리적인 여유도 생긴다.

그리고 시험장에서는 문제를 어느 정도 빨리 푸는 것이 끝날 시간에 맞춰 푸는 것보다 초조함을 없애는 데 도움이 된다.

point 19 문제 파악

단답형 문제의 경우, 문제 내용을 제대로 읽고 함정에 빠지지 않도록 답을 내야 한다. 따라서 단답형처럼 반사적으로 답을 내놓아야 하는 문제는 미리 훈련해둘 필요가 있다.

그에 비해 긴 지문을 읽고 답을 내야 하는 경우는 지문을 읽기 전에 문제부터 읽어 요구하는 바가 무엇인지 명확히 해두어야 한다. 긴 지문을 읽을 때 어디에 신경을 써서 읽어야 하는지를 알아야 보다 빨리 정확한 답을 할 수 있기 때문이다. 듣기평가의 경우도 마찬가지다. 문제를 먼저 읽어두면 답을 내는 데 중요한 부분을 잘 들을 수 있다.

이런 것들은 모의고사를 통해 연습해두어야 할 부분이기도 하다.

 **시간 배분**

컴퓨터 용지에 마킹해야 하는 시험이라면 모의고사 때 마킹하는 연습을 해두는 것이 좋다. 적어도 컴퓨터 용지에 옮기는 데 어느 정도 시간이 걸리는지는 알아야 시간 배분에 실수가 없다. '10문제 정도 풀고 10문제 정도 마킹한다'는 식으로 구체적인 방법을 미리 생각해놓는 것도 도움이 된다.

지금 공부법에 대한 책을 쓰고 있는 나 역시 예전에는 시간 배분을 잘못해 쩔쩔맨 적이 있다. 임상심리사 시험에 응시했을 때인데, 문제수가 너무 많아 마지막에 마킹하는 시간이 모자랐던 것이다. 답을 알면서도 마킹을 하지 못해 점수를 따지 못한다면 어이없는 일이 아닐 수 없다.

물론 마지막 1초까지 포기하지 말고 한 문제라도 더 푸는 데 전력을 쏟아야 한다. 시험관이 "그만!"이라고 말해도 하나 정도는 마킹할 수 있을 것이다.

+ 목적과 동기를 명확히 하고 수험에 임하라.

+ 합격 최저점수와 자신의 합계점수를 바탕으로 공부방식을 연구하라.

+ 이미 합격한 사람에게 비결을 들어라.

+ 공부를 시작하기 전에 경제적 문제와 가정 및 직장 문제부터 해결
  하라.

+ 마지막 1초까지 절대로 포기하지 마라.

30대,
자신을 소중히 여겨라

01

남과는 다른
나를 만들자

발전하는 사람들은 자신의 결점을 잘 안다. 하지만 성공하는 사람은 자신이 무엇을 잘하는지를 안다. 자신의 장점이나 자신이 무엇을 잘하는지를 아는 사람은 다른 사람과 차별되기 때문이다.

결점과 장점을 동시에 발견한 경우 대부분의 사람들은 결점을 고치려고만 한다. '나는 경리 부분에는 약하지만 영업 성적은 남들보다 좋다'고 생각할 경우, "그러니까 경리 공부를 하는 게 좋겠어!"라고 결론내리는 것이다. 물론 이런 결정도 나쁘지 않다. 발전은 이런 반성 속에서 비롯된다.

그러나 몇몇 사람들은 잘하는 쪽을 더욱 발전시키겠다고 마음먹는다. "난 영업에 소질이 있는 거야. 그러니까 영업에 더욱 매진해야겠어!"라고 결론내리는 것이다. 이런 결정을 내리는 사람은 성공할 가능성이 매우 높다. 남과 다른 나를 만들 줄 아는 사람이다.

예컨대, 영업부문에서 다른 사람들이 한 달에 300만 엔의 매출을 올릴 때 500만 엔의 매출을 올렸다면, 대부분의 사람들은 만족한다. 그리고 거기에 안주한다. 더 잘할 수 있는 방법을 연구하지 않는다.

그런데 같은 상황에서 한 달에 3,000만 엔이나 4,000만 엔의 매출도 가능하겠다고 내다보는 사람도 있다. 그리고 방법을 연구한다. 이런 사람이 성공하는 것은 당연한 일이다.

단점을 먼저 보고 그것을 고치려 하기보다는, 장점을 먼저 보고 거기에 안주하지 않는 사람이 되어야 한다. 장점을 더욱 발전시켜 남들이 근접 못할 레벨로까지 올려놓는 것, 그것이 바로 남과는 다른 나를 만드는 방법이다. 그리고 성공으로 더 가까이 나아가는 방법이다.

 ## 자신의 강점은 자랑하라

잘하는 것은 칭찬받고, 칭찬받으면 더욱 발전하게 된다. 좋은 평가를 받으면 능력은 더욱 발전한다. 그런데 어떻게 평가를 받을 것인가? 또 어떻게 해야 평가하게 만들 수 있을까?

이런 속담이 있다. '능력 있는 매는 발톱을 숨긴다.' 능력을 내세워 자랑하지 않는다는 뜻이다. 익을수록 머리를 숙이는 벼와 같은 경우다. 예전에는 이런 삶의 방식이 미덕처럼 여겨졌다. 그러나 지금은 다르다. 발톱을 숨기고만 있으면 제대로 된 평가를 받지 못한다. 그 때문에 계속 불리한 입장에 처하게 될 뿐이다.

'능력 있는 매는 발톱을 숨긴다'는 속담의 뜻을 거꾸로 받아들인다면 어떨까? 발톱을 숨기고 매서운 눈으로 사냥감을 노려보고 있는 매의 모습을 상상해보라. 자신이 가진 능력을 제대로 사용할 줄 아는 매라는 생각이 들지 않는가? 이렇게 생각할 경우, 매가 발톱을 숨기는 것은 사냥을 더 잘하기 위한 것이지 겸손해 보이려는 게 아니다.

잘하는 일이 있다면 더욱 발전시키고, 또 그것을 남들에게 보여라. 적극적으로 어필하는 것은 사냥을 더 잘하려는 매처럼 적극적인 삶을 사는 방법이다. 적극적으로 사는 사람은 높은 평가를 받기 마련이고, 그것이 또 자신의 모티베이션으로 이어진다. 자신을 드러내고 좋은 평가를 받고 자신감을 얻는 과정이 반복되는 것이다.

 ## 가능성은 도전하는 자만의 것

지금은 예전과는 달라서 일찍부터 승자와 패자로 나뉘는 시대가 되었다. 시간이 지날수록 그 간격은 점점 더 벌어진다. 단적인 예로 30대가 되면 연봉의 격차가 눈에 띄게 벌어진다. 연봉이 몇 억 엔인 사람도 있고, 반면에 여전히 부모에 의지해 살거나 아르바이트를 하면서 최저생활을 유지하는 사람도 있다. 물론 자신이 원해서 30대인데도 독립을 못하는 사람은 거의 없겠지만, 그런 경우라 해도 '나는 안 된다'는 생각으로 포기해버려서는 안 될 일이다. 30 대에 인생이 끝나는 것은 아니기 때문이다.

승자와 패자의 격차가 계속해서 벌어지고 있는 상황에서 이것을 되돌리는 것은 간단하지 않다. 그러나 그렇다고 해서 포기하는 사람과 그럼에도 포기하지 않는 사람 사이의 격차 또한 크다. 그런데도 쉽게 포기하고 더 이상 공부하지 않는 사람이 많아졌다. 안타까운 일이지만, 바로 그렇기 때문에 패자인 사람이 누구도 대적할 수 없는 강한 승자가 되는 것은 어렵지만 중간 정도의 승자가 되는 것은 얼마든지 가능하다. 공부만 한다면 그곳에서 빠져나올 가능성이 크다는 것이다.

예컨대, 일본에서 비즈니스 잡지의 총 발행부수는 70만 부 정도라고 한다. 돌려보는 경우를 3배 정도로 생각해도 비즈니스 잡지를 읽고 있는 사람은 200만 명 정도다. 전체 샐러리맨은 6,000만 명이다. 즉, 비즈니스 잡지를 제대로 읽는 것만으로도 30 대 1의 승자가 될 수 있는 것이다. 성공을 위한 도전은 어렵지 않다. 약간의 노력만으로도 가능하다. 그저 멈추지 않고 도전하는 사람이 성공하게 될 것이다.

사회적 지위나 수입은 남들보다 못하다 해도 자신에게 무언가 하나라도 남들보다 나은 분야가 있을지도 모른다. 컬렉션이 수준급이라든지, 어느 분야에서 상당한 수준의 마니아가 되는 것은 충분히 가능한 일이다. 그런 것까지 포함해 자신을 돌아보아야 한다. 자기애를 통째로 버려서는 안 될 일이다.

 ## 승리할 수 있는 일에 도전하라

사회인은 자신이 이길 것 같은 분야에 승부하는 것이 좋다. 그리고 그 분야에 관해서는 적극적으로 임해야 한다.

주위가 소극적일수록 먼저 손을 든 사람이 그 일을 얻기 쉬운 것이 세상 이치다. 반대로 쭈뼛거리고 있으면 좋은 일이 들어오지 않는다. 적극적인 사람에게 돌아가고 남은, 대수롭지 않은 일들만 들어오게 된다.

이길 수 있는 일을 선택하는 것은 현명하다. 성인의 경우는 그런 선택을 할 수 있는 입장에 있다. 대신 선택한 일에 대해서는 포기하지 말고 계속해 나가야 한다.

단기간에 승부가 나는 일은 흔하지 않다. 공부도 일도 계속하는 것이 중요하다. 계속하는 한 뇌나 감정이 무뎌지거나 노화하는 것을 막을 수 있다.

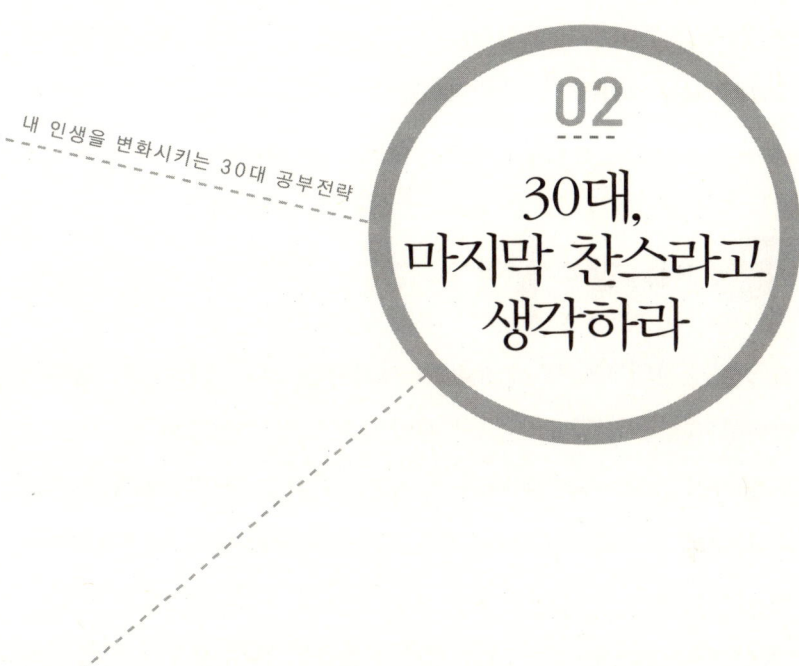

02

30대, 마지막 찬스라고 생각하라

욕심이 지나친 사람은 비난을 받기도 하지만, '부자가 되고 싶다'거나 '좀더 잘하면 좋겠다'는 등의 욕구가 강한 경우는 결코 나쁜 것이 아니다. 그것은 향상심의 표현이기도 하다.

30대를 거쳐 40대가 되면 뇌가 노화하여 점점 욕심이 사라지고 욕구도 눈에 띄게 줄어든다. 따라서 30대인 사람이 욕구를 가지고 욕구를 위해 일하는 것은 당연한 일이다. 오히려 강한 욕구를 가진 사람일수록 더 오래 젊음을 유지하고 인생을 활기차게 보낸다. 감정의 노화를 방지하는 것과도 연결되기 때문이다.

당신이 지금 30대라면, 자신의 욕구를 철저하게 의식하라. 그리고 그에 충실하라. 욕구는 당신에게 크나큰 원동력이 될 수 있다. 당신이 욕구를 어떻게 인식하고 활용하느냐에 따라 당신이 성장하고 당신 꿈이 이루어질 수 있다. 그리고 궁극적으로 당신은 사회에 도움이 되는, 중요한 사람이 될 것이다.

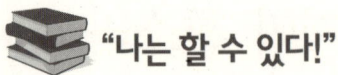 "나는 할 수 있다!"

지금은 승자와 패자로 양분되는 사회지만, 원래 사람이란 능력이 비슷하고 그런 사람들이 모인 집합이 바로 사회이므로 좀 더 크게 보면 '도토리 키 재기'와 다를 바 없다. 따라서 라이벌에게 머리 하나 차이로 리드당하고 있는 것만으로 패배감을 안고 의기소침해질 필요는 전혀 없다. 승진이 1년 늦는다 해도 우울해할 필요도 없다. 게다가 회사에서는 약간 뒤쳐졌을지 몰라도 세상에 나오면 충분히 승자인 경우도 있을 수 있다.

긍정적인 사고로 성공을 붙잡은 인물은 많다. 요코하마시의 나카다 히로시 시장은 대표적인 경우이다. 그는 고등학교 시절 편차치가 38이었는데, "나는 할 수 있다"는 생각으로 결코 포기하지 않고 필사적으로 공부했다. 그리고 삼수 끝에 아오야마대학에 합격했다. 삼수를 했다고는 하나 편차치 38의 성적으로 아오야마대학에 입학했다는 건 엄청난 일이다.

이 일을 계기로 그는 "하면 된다!"는 긍정적인 마인드를 갖게 되었다. 그리고 더욱 공부에 매진해 마쓰시타 정경숙(파나소닉의 창업자 마쓰시타가 세운 정재계의 리더 양성소—옮긴이)에 합격한다. 그 후로도 그는 도쿄대학, 교토대학 출신의 엘리트 학생들 사이에서 기죽는 일 없이 스스로에게 이렇게 말했다고 한다. "도쿄대학, 교토대학 출신뿐인 마쓰시타 정경숙에 내가 들어왔다! 정말 굉장한 일이다!"

그의 이런 긍정적인 사고는 노력을 게을리 하지 않는 근성으로 표출되었고, 그는 국회의원을 거쳐 37세의 젊은 나이에 요코하마 시장에 당선되었다. 그리고 시장에 된 후에는 여러 가지 시정개혁을 이뤄내고 있다.

나카다 시장은 30대에 성공한 대표적인 인물이다. 하지만 그는 순풍만선인 엘리트 인생을 걸어온 것이 아니다. 항상 할 수 있다는 긍정적인 사고로 살아왔기 때문에 편차치 38에서 대도시의 탑 자리까지 올라갈 수 있었다.

자신을 못난 사람이라고 생각해서 이득 볼 일이란 없다. 나카다 시장처럼 자신감을 가지고 살아야 한다.

 ## 행복한 인생을 준비하라

세상은 30대에 성공한 사람만 있는 것은 아니다. 30대에 성공하지 못하고 50대, 60대가 된 후 성공하는, 그야말로 대기만성형인 사람도 있다. 그런데 그들은 30대를 어떻게 보냈을까? 단언하건대, 아무것도 하지 않은 사람은 아무도 없다. 그들 모두 필사적으로 30대를 살아왔기 때문에 50대, 60대에 성공을 거둔 것이다.

퇴직 후 벤처기업을 지원하는 전문가에게서 들은 이야기인데,

중장년이 되어 벤처기업을 창업해 성공하는 사람의 대부분은 40세 정도까지는 장래 창업하겠다는 계획을 세워두었거나 퇴직 후에 할 사업을 이미 정해놓고 있었다고 한다. 그들에게 나이는 아무런 장애가 되지 않았다. 50세가 지난 후에 회사를 창업하기도 하고 퇴직 후에도 노화를 모르고 생기 있게 활약한다.

지금 우리가 40대와 50대를 이야기하는 까닭은, 사람은 해를 거듭할수록 감정이 노화되어 점점 의욕이 떨어진다는 사실을 상기하기 위해서다. 아직은 젊고 의욕이 있는 30대에 계획을 세워두어야 한다. 40세가 지나면 뭔가를 결정하고자 해도 의욕 넘치기가 힘들어진다. 실제로 독립해서 회사를 세울지 여부는 둘째 치고, 창업에 흥미가 있다면 적어도 모티베이션이 높은 30대 안에 계획만이라도 세워두는 것이 좋다.

30대, 필사적으로 일하고 죽을힘을 다해 공부해둬라. 설령 30대에 싹이 트지 않더라도 40대, 50대, 60대에 싹이 나와 나무로 자라게 될 것이다. 포기하지 않는다면 언젠가 싹은 튼다.

40대 이후에 행복한 인생을 보내고 싶다면 30대가 마지막 찬스이다. 지금 당장 자신을 바꾼다면, 반드시 성공하게 될 것이다.

+ 재능 없음을 한탄하고 포기하는 사람은 패자가 된다.

+ 일이나 공부하는 방식과 삶의 방식을 바꾸면 '할 수 있다'는 것을
  아는 사람이 승자가 된다.